미래 교통

더 빨리, 더 멀리!

사진출처

셔터스톡_ 17p 말, 당나귀, 소, 코끼리, 개, 낙타 / 20p 헤론의 증기 기관, 뉴커먼의 증기 기관, 와트의 증기 기관 / 21p 로켓호 / 38p 모터 달린 바퀴 / 41p 1차 전지, 2차 전지 / 42p 정지하는 자동차 / 49p 극지방 빙하 / 56p 자율 주행 / 57p 자율 주행 교통 체계 / 58·108p 알고리즘 / 74p 전기 자전거, 전동 킥보드, 전동 스케이트보드, 전동 휠, 초소형 전기차 / 84p 스마트 도로 / 85p 교통 신호등 / 95·112p 비행선 / 96p 초음속 여객기 / 97p 자기 부상 열차 / 98p 스페이스엑스 우주선 / 99p 우주 왕복선 발사, 우주 왕복선 비행

위키피디아_ 23p 가솔린 자동차

연합뉴스_ 62p 자율 주행 택시 / 94p AI 메이플라워호

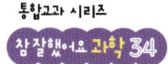

더 빨리, 더 멀리! 미래 교통

ⓒ 최원석, 2024

1판 1쇄 발행 2024년 9월 30일

글 최원석 | **그림** 권나영 | **감수** 서울과학교사모임
펴낸이 권준구 | **펴낸곳** (주)지학사
편집장 김지영 | **편집** 박보영 이지연 | **교정교열** 김새롬
디자인 이혜리 | **마케팅** 송성만 손정빈 윤술옥 | **제작** 김현정 이진형 강석준 오지형
등록 2010년 1월 29일(제313-2010-24호) | **주소** 서울시 마포구 신촌로6길 5
전화 02.330.5263 | **팩스** 02.3141.4488 | **이메일** arbolbooks@jihak.co.kr
ISBN 979-11-6204-173-4 73550

잘못된 책은 구입하신 곳에서 바꿔 드립니다.

 제조국 대한민국　**사용연령** 8세 이상
KC마크는 이 제품이 공통안전기준에 적합하였음을 의미합니다.

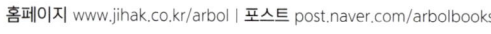

아르볼은 '나무'를 뜻하는 스페인어. 어린이들의 마음에 담긴 씨앗을 알찬 열매로 맺게 하는 나무가 되겠습니다.

홈페이지 www.jihak.co.kr/arbol | **포스트** post.naver.com/arbolbooks

펴냄 글

✉ 과학은 왜 어려울까?

- 생명과학, 지구과학, 물리학, 화학 등 공부해야 할 범위가 넓다.
- 책이나 교과서를 볼 땐 이해할 것 같다가도 돌아서면 헷갈린다.
- 과학 현상이나 원리가 어려워서 이해가 안 된다.
- 과학 공부를 할 때 어려운 단어가 많이 나온다.

✉ 과학 공부, 쉽게 하려면 통합교과 시리즈를 펼치자!

통합교과란?

- 서로 다른 교과를 주제나 활동 중심으로 엮은 새로운 개념의 교과
- 하나의 주제를 **역사·환경·기술·사회·미래학** 등 다양한 영역에서 접근해 정보 전달 효과를 높임
- 문·이과 통합 교육 과정에 안성맞춤

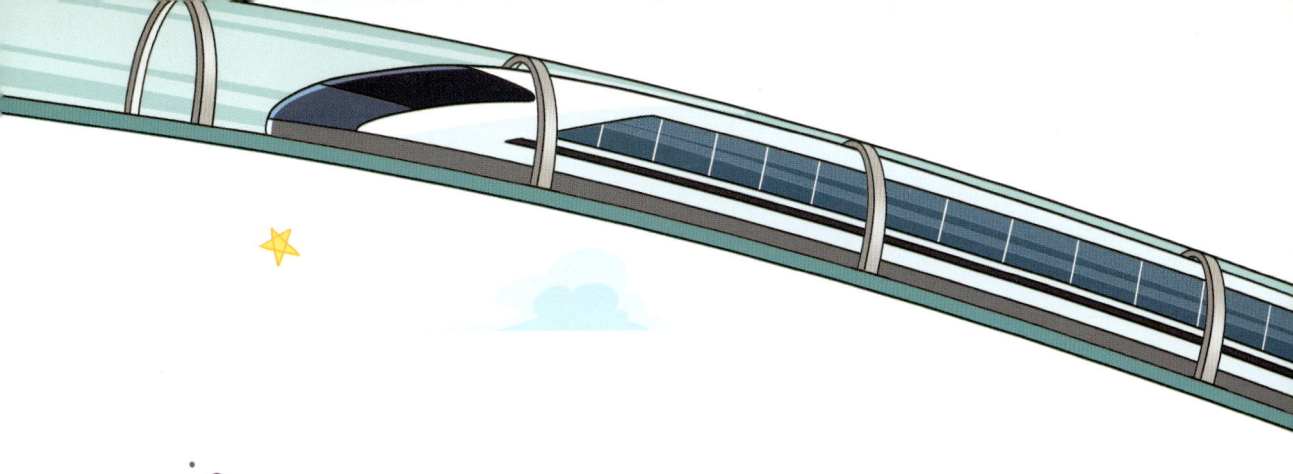

이런 학생들에게 통합교과 시리즈를 추천합니다!

- 과학 교과를 처음 배우는 초등학교 **3학년**
- 과학이 지겹고 어렵게 느껴지는 **4학년**

역사
과거부터 현재까지,
관련 분야의 역사 지식이 머릿속에 쏙!

미래학
지금의 사회를 둘러보고
앞으로의 사회를 예측해 보기

환경
주제와 관련된 환경 문제를
알아보고 해결 방안 탐색

통합교과 시리즈

사회
우리 사회를 둘러보고
관련 정보 이해하기

기술
관련 기술을 샅샅이 파고들어
주제에 대한 이해력을 쑥!

차례

1화
무얼 타고 갈까   역사 교통수단의 발달과 우리 생활   10

- 16 최초의 이동 수단
- 20 칙칙폭폭 증기 기관차
- 24 떴다! 비행기
- 28 **한 걸음 더:** 인류를 움직인 힘, 바퀴
- 18 바람 분다 배 띄워라
- 22 부릉부릉 자동차

2화
지구를 위해 달려 보자   환경 환경 오염 줄이는 친환경 자동차   30

- 36 지구를 생각하는 자동차
- 42 에너지를 재활용하는 차
- 48 **한 걸음 더:** 지구가 열받은 이유
- 38 찌릿찌릿 전기차
- 44 보다 친환경적인 수소차

3화
운전자 없이도 알아서 척척   기술 인공지능과 자율 주행 기술   50

- 56 스스로 달리는 자율 주행차
- 60 자율 주행으로 어떻게 달라질까?
- 66 **한 걸음 더:** 누구를 살려야 할까?
- 58 자율 주행을 위한 알고리즘
- 62 자율 주행 시대를 앞두고

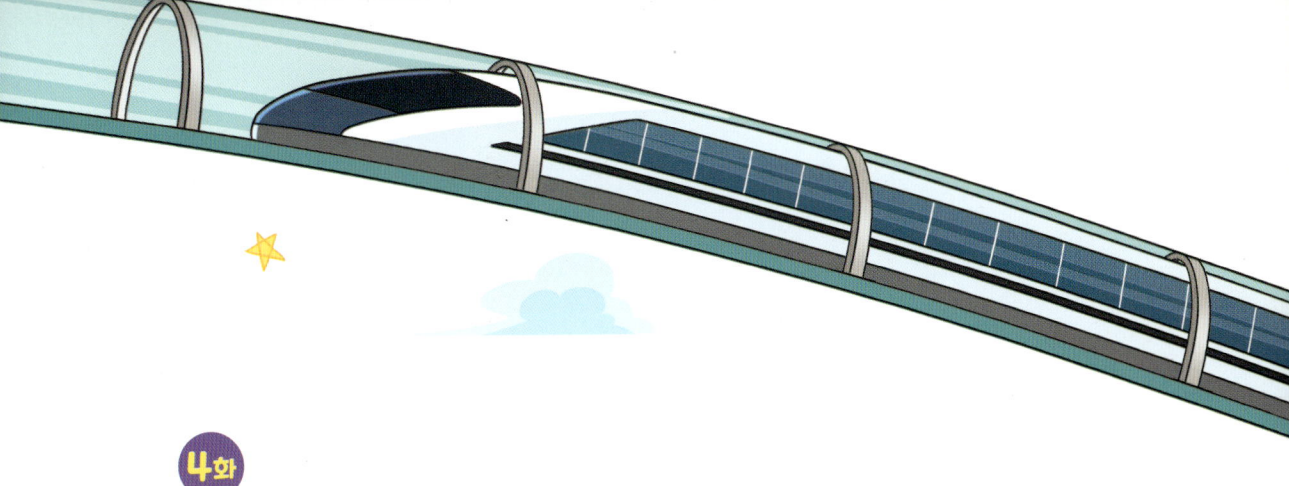

4화

따로 또 같이 `사회` 변화하는 대중교통 68

- 74 떠오르는 개인형 이동 장치
- 76 함께 타는 공유 모빌리티
- 78 더욱 편리하게 목적지로
- 80 내게 딱 맞는 자동차
- 84 **한 걸음 더:** 교통 체증 해결을 위해

5화

미래 교통수단은 어떤 모습일까 `미래학` 교통수단의 미래 86

- 92 하늘을 달리다
- 94 미래를 위해! 배의 변신
- 96 더 빠르게 더 멀리
- 98 가자, 우주로!
- 102 **한 걸음 더:** 드넓은 우주로 나아가려면

- 104 워크북
- 114 정답 및 해설
- 116 찾아보기

1화
무얼 타고 갈까

역사 교통수단의 발달과 우리 생활

- 최초의 이동 수단
- 바람 분다 배 띄워라
- 칙칙폭폭 증기 기관차
- 부릉부릉 자동차
- 떴다! 비행기

한눈에 쏙 교통수단의 발달과 우리 생활
한 걸음 더 인류를 움직인 힘, 바퀴

최초의 이동 수단

먼 옛날 사람들은 어떻게 이동했을까요? 그리 멀지 않은 곳이면 두 발로 걸어서 이동했을 거예요. 그런데 먼 곳이라면 걸어가기 힘들고, 무거운 짐까지 있으면 이동하기가 더욱 어려웠어요. 그래서 사람들은 동물을 이동 수단으로 이용했지요.

이동을 도운 동물

인류는 빠르게 달리거나 힘센 동물을 길들여 이동 수단으로 이용했어요. 대표적인 동물로는 말, 당나귀, 소 등이 있지요. 특정 지역에서는 코끼리, 개, 낙타를 이용하기도 했어요.

말은 기원전 4000년경 가축으로 길들었다고 알려져 있어요. 말은 빠를 뿐 아니라 오래도록 달릴 수 있다는 특징 때문에 전쟁에서도 쓰였지요. 말을 타고 싸우는 병사를 기병이라고 하는데, 일반 병사에 비해 날쌔고 재빨라 전쟁터에서 중요한 역할을 했어요.

인류는 말보다 당나귀를 먼저 길들였어요. 당나귀는 말과 비슷하게 생겼지만 덩치가 작아요. 말보다 느려도 덩치에 비해 힘이 세고 잘 지치지 않아서 짐을 나르는 데 알맞았지요.

지금도 일부 지역에서는 동물을 중요한 이동 수단으로 이용해요. 하지만 교통수단이 발달하고, 또 동물을 보호하려는 움직임이 일며 그런 경우가 점점 줄고 있답니다.

사람과 짐을 실어 나르는 동물

빠르게 달리는 말

짐을 나르는 당나귀

수레를 끄는 소

사람의 발이 되어 주는 코끼리

극지방에서 썰매 끄는 개

사막의 이동 수단인 낙타

바람 분다 배 띄워라

황하 문명, 인더스 문명, 이집트 문명, 메소포타미아 문명은 인류 역사에 일찌감치 나타나 찬란한 문화를 꽃피웠어요. 세계 4대 문명은 모두 강가에서 시작됐는데, 마실 물을 구하기 쉽고 농사를 짓기에도 편리했기 때문이지요. 또 배를 띄워 사람이나 물건을 실어 옮기기도 좋았어요.

배를 타고 더 멀리

먼 옛날 사람들은 물을 건널 때 통나무에 올라타 손발을 저어 이동했을 거예요. 그러다가 통나무의 속을 파거나 풀을 엮어 카누를 만들었어요. 또 통나무를 떼로 가지런히 묶어서 뗏목도 만들었지요. 이런 배들은 사람 손으로 직접 노를 저어 움직였어요. 그런데 무거운 물건을 싣거나 멀리 떨어진 곳으로 가려면 사람의 힘만으로는 힘들었겠지요? 그래서 생겨난 것이 돛이에요. 돛은 바람을 받아 배가 나아갈 수 있도록 한 장치랍니다.

돛단배는 기원전 3000년경 이집트에서 처음 만든 것으로 보아요. 사람이 힘들게 노를 젓지 않아도 되니 편리했지요. 그러면서 배 크기가 점점 커졌는데, 대항해 시대에는 거대한 돛을 달고 넓은 바다를 누비는 범선이 등장했어요. 대항해 시대는 1400년대에서 1500년대에 걸쳐 유럽인이 바닷길을 개척하고 신대륙을 발견했던 때예요.

범선은 세계 무역에서 중요한 역할을 했어요. 수많은 사람과 물건을 한꺼번에 실어 나를 수 있었으니까요. 자연의 힘을 빌려 움직이니 효율적이었는데, 이것이 한편으로는 커다란 단점이 되기도 했어요. 바람이 없으면 나아갈 수 없었거든요. 바다 위에서 폭풍을 만나 배가 침몰하는 것도 큰일이었지만, 바람 없는 무풍지대에 갇히는 것도 뱃사람을 매우 힘들게 했지요.

배의 발달

칙칙폭폭 증기 기관차

1760년대 영국에서 산업 혁명이 시작됐어요. 산업 혁명은 새로운 기술과 기계가 등장하며 사회 모습이 크게 변화한 것을 뜻해요. 증기 기관은 산업 혁명을 일으키는 데 중요한 역할을 했어요. 혹시 증기 기관을 영국의 제임스 와트가 발명했다고 알고 있지는 않나요? 정확히 따지면 와트는 증기 기관의 성능을 크게 높인 인물이지요.

증기 기관의 등장

증기 기관은 물을 끓여 나오는 수증기의 힘으로 기계를 움직이는 장치예요. 최초의 증기 기관은 고대 그리스의 수학자 헤론이 만들었다고 해요. 관을 통해 수증기를 뿜어 금속 공을 돌리는 장치로, 기계라기보다는 장난감에 가까웠어요. 이후에도 증기 기관을 개발하려는 도전은 계속됐지요.

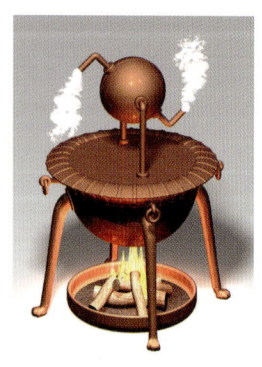  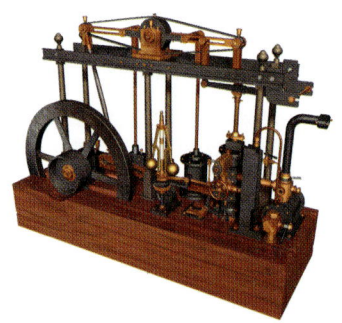

왼쪽부터 헤론, 뉴커먼, 와트의 증기 기관(3D 그림)

실용적 증기 기관은 1705년 영국의 토머스 뉴커먼이 발명했어요. 뉴커먼의 증기 기관은 광산에서 물을 퍼내는 데 사용됐지요. 어느 날, 수리 기술자 제임스 와트는 뉴커먼의 증기 기관이 열을 가하고 식히는 과정을 반복해서 효율이 떨어지는 단점을 깨달았어요. 그래서 1765년에 단점을 고쳐 성능을 향상시킨 증기 기관을 내놓았지요.

증기 기관을 이용한 교통수단

증기 기관이 처음 쓰인 교통수단은 기차가 아니라 자동차였어요. 최초의 증기 자동차는 1769년 프랑스의 군사 기술자 니콜라 퀴뇨가 무거운 대포를 옮기려고 만들었지요.

이후 1804년, 영국의 리처드 트레비식이 만든 증기 기관차가 처음으로 철로를 달렸어요. 그런데 주철로 된 철로가 기차의 무게를 버티지 못하고 자주 부러지는 문제가 생겼지요. 이 문제를 해결한 사람이 조지 스티븐슨이에요. 스티븐슨은 연철 철로를 깔고 로코모션 1호를 성공적으로 운행했어요. 뒤이어 로켓호를 만들어 철도 시대의 막을 열었지요.

한편 1807년에는 증기 기관을 단 배인 증기선이 등장했어요. 이렇게 증기 기관은 다양한 교통수단에 이용됐답니다.

스티븐슨의 로켓호 모형

부릉부릉 자동차

증기 자동차는 문제가 꽤 많았어요. 물을 끓이는 보일러 장치가 워낙 무거운 데다 물이 끓을 때까지 시간이 꽤 걸렸거든요. 도로 위를 다니다가 사고를 일으킬 위험도 높았지요.

뜨겁게 일하는 열기관

열에너지를 이용해 기계를 움직이는 장치를 열기관(엔진)이라고 해요. 열기관은 연료를 태울 때 생기는 열에너지를 운동 에너지로 바꾸는데, 열에너지를 어디서 얻느냐에 따라 외연 기관과 내연 기관으로 나눌 수 있어요.

열기관의 하나인 증기 기관은 원기둥 모양의 실린더 바깥에서 연료를 태워 에너지를 얻는 외연 기관이에요.

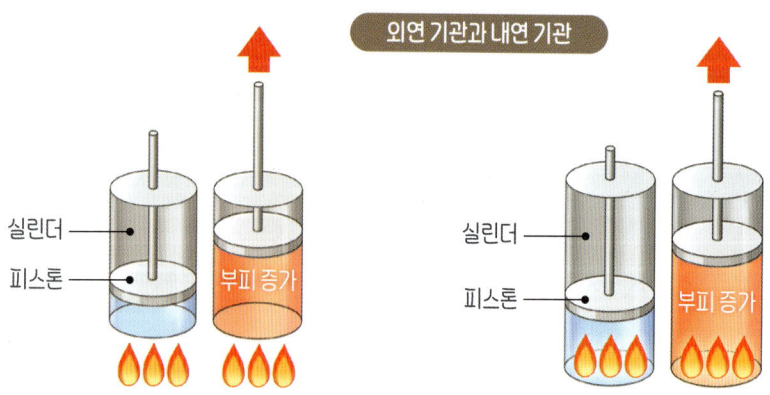

외연 기관과 내연 기관

외연 기관 실린더 바깥에서 연료를 태우면 그 열을 받아서 실린더 속 기체 부피가 늘어난다. 이 힘이 피스톤을 움직인다.

내연 기관 실린더 안쪽에 연료를 집어넣고 폭발시키면 기체 부피가 늘어난다. 이 힘이 피스톤을 움직인다.

증기 기관과 달리 연료를 실린더 안쪽에 집어넣고 폭발시켜 피스톤을 움직이게 하는 장치를 내연 기관이라고 불러요. 외연 기관에 비해 구조가 간단하며 속에서 열이 직접 전달돼서 효율이 좋은 장점이 있지요. 오늘날 자동차에 주로 쓰이는 가솔린 엔진과 디젤 엔진은 모두 내연 기관이에요. 엔진은 자동차의 심장 역할을 하지요.

내연 기관으로 만든 자동차

최초의 실용적 자동차는 1885년 독일의 카를 벤츠가 만들었어요. 가솔린 엔진을 단 자동차였지요. 얼마 뒤 1897년에는 독일의 루돌프 디젤이 디젤 엔진을 발명했어요. 이렇게 가솔린 엔진과 디젤 엔진이 등장하면서 자동차 산업이 발달했답니다.

벤츠가 만든 가솔린 자동차

tip

가솔린 엔진과 디젤 엔진의 차이는?

가솔린 엔진과 디젤 엔진의 작동 원리는 비슷해요. 차이점은 연료를 폭발시키는 방식에 있어요. 가솔린 엔진은 공기와 연료를 섞은 상태에서 인공적으로 불꽃을 일으켜 폭발시켜요. 반면 디젤 엔진은 압축된 공기에 연료를 뿌려 폭발이 저절로 일어나게 하지요.

 **떴다! 비행기**

　그리스 신화에는 깃털을 꿀밀로 붙여 만든 날개를 달고 하늘을 나는 이카로스의 이야기가 나와요. 오랜 세월 동안 인류는 새처럼 하늘을 날고 싶어 했어요. 하지만 하늘을 나는 일은 어려웠지요.

따뜻한 공기로 뜨는 열기구

　인류는 하늘을 나는 꿈을 끝끝내 포기하지 않았어요. 이 꿈을 최초로 이룬 사람은 프랑스의 발명가 몽골피에 형제예요.

　어느 날, 몽골피에 형제는 따뜻한 공기가 물체를 띄우는 현상을 발견했어요. 이 현상을 이용하면 하늘을 날 수 있겠다는 생각에 1783년 열기구를 만들었지요. 커다란 주머니 속 공기를 데우면 부피가 커지며 바깥 공기보다 가벼워져 열기구가 공중으로 떠올라요.

동력 없이 나는 글라이더

　글라이더는 바람의 힘으로 비행하는 장치예요. 넓게는 종이비행기도 글라이더의 하나로 볼 수 있어요. 이렇게 기계 동력 장치 없이 하늘을 나는 것을 무동력 비행 또는 활공 비행이라고 해요.

　1891년 독일의 오토 릴리엔탈은 글라이더를 타고 약 25미터를 나는 데 성공했어요. 새의 움직임을 연구해 수천 번 가까이 시험을 반복한 결과였지요.

라이트 형제의 성공

세계 최초의 동력 비행기를 만든 사람은 미국의 라이트 형제예요. 라이트 형제는 글라이더에 프로펠러와 엔진을 달아 플라이어 1호를 만들었고, 드디어 1903년 12초 동안 37미터가량을 날았지요.

라이트 형제의 성공 이후 비행기는 발전을 거듭해 오늘날에는 소리보다 빠른 초음속 비행기가 하늘을 날고 있답니다.

비행기 1903년, 라이트 형제가 플라이어 1호로 동력 비행에 성공하다.

열기구부터 비행기까지, 비행의 역사

열기구 1783년, 몽골피에 형제가 열기구에 사람을 태워 하늘로 띄우다.

글라이더 1891년, 오토 릴리엔탈이 글라이더를 타고 나는 데 성공하다.

교통수단의 발달과 우리 생활

이동을 도운 동물

- 옛날 사람들은 동물을 길들여 이동 수단으로 이용했음. 이동을 도운 대표적 동물로는 말, 당나귀, 소 등이 있음. 지역에 따라서는 코끼리, 개, 낙타를 이용했음.
- 지금도 일부 지역에서는 동물을 이동 수단으로 이용함. 하지만 교통수단이 발달하고, 동물을 보호하려는 움직임이 일며 점점 줄고 있음.

배와 인류의 역사

- 먼 옛날에는 통나무를 파거나 풀을 엮어 카누를 만들었음. 또 통나무를 떼로 묶어서 뗏목을 만들어 탔음. ➡ 사람이 노를 저어 움직여야 해서 불편했음.
- 기원전 3000년경 이집트에서 바람을 받아 나아갈 수 있도록 돛을 단 배가 만들어졌음. ➡ 배를 만드는 기술이 발달하면서 대항해 시대에는 거대한 돛을 단 범선이 등장했음. 범선은 수많은 사람과 물건을 실어 나르며 세계 무역에서 중요한 역할을 했음.

증기 기관과 교통수단

- 증기 기관: 물을 끓여 나오는 수증기의 힘으로 기계를 움직이는 장치.

- 영국의 제임스 와트는 기존 증기 기관의 문제점을 고쳐 성능을 높였음. 와트의 증기 기관은 산업 혁명을 이끌었음.
- 산업 혁명 시기에 증기 기관을 이용한 기차가 탄생했음. 이 밖에도 증기 기관은 자동차, 배 등 다양한 교통수단에 이용됐음.

자동차와 엔진

- 열기관: 열에너지를 이용해 기계를 움직이는 장치로, 엔진이라고도 함. 크게 외연 기관과 내연 기관으로 나눔.
- 외연 기관: 실린더 밖에서 연료를 태워 에너지를 얻음. 증기 기관은 외연 기관의 하나임.
- 내연 기관: 연료를 실리더 안에 집어넣고 폭발시켜서 에너지를 얻음. 열이 직접 전달돼서 효율이 좋은 장점이 있음. 자동차에 주로 쓰이는 가솔린 엔진과 디젤 엔진은 내연 기관임.
- 1885년 독일의 카를 벤츠가 가솔린 엔진을 단 자동차를 만들었음. 가솔린 엔진에 이어 디젤 엔진이 등장하면서 자동차 산업이 발전했음.

비행의 역사

- 1783년, 몽골피에 형제가 열기구에 사람을 태워 띄웠음. ➡ 1891년, 오토 릴리엔탈이 글라이더를 타고 나는 데 성공했음. ➡ 1903년, 라이트 형제가 프로펠러와 엔진을 단 플라이어 1호를 개발해 진정한 비행 시대를 열었음.

인류를 움직인 힘, 바퀴

바퀴는 인류 역사에서 가장 중요한 발명품 중 하나예요. 오늘날 우리는 바퀴가 너무 흔하다 보니 그 중요성을 잊고 살 때가 많지만요. 그런데 흔하다는 것은 누구에게나 없어서는 안 될 정도로 꼭 필요한 게 아닐까요?

바퀴의 발명과 쓰임

바퀴가 많이 사용되는 이유는 마찰력을 줄여 주기 때문이에요. 마찰력은 물체가 다른 물체에 맞닿은 채 움직이려고 할 때, 이를 방해하는 힘이에요. 물건이 가득 담긴 상자를 옮긴다고 생각해 보세요. 무게 때문에 잘 밀리지 않아요. 이럴 때 바퀴 달린 수레에 상자를 실어 나르면 힘이 덜 들지요.

이렇게 편리한 바퀴를 처음 발명한 사람이 누군지는 안타깝게도 기록에 남아 있지 않아요. 아마도 무거운 물건 아래에 통나무를 깔아서 굴리다가 아이디어를 떠올렸을 거예요. 현재 남아 있는 가장 오래된 바퀴는 기원전 3500년경 메소포타미아에서 만든 것이에요. 전쟁할 때 쓰는 전차에 달린 바퀴인데, 나무를 잘라 둥글게 다듬어 만들었지요.

바퀴가 이동 수단에만 달린 것도 아니에요. 미닫이문이나 창문에도 바퀴가 있어요. 바퀴가 보이지 않는다고요? 밑부분에 숨어 있으니까요. 무거운 미닫이문이나 창문을 쉽게 여닫을 수 있는 것은 바로 바퀴 덕분이지요.

저마다 다른 바퀴

바퀴는 쓰임에 따라 모양이 조금씩 달라요. 예를 들어, 자동차나 자전거에는 고무바퀴를 달아요. 도로 위를 달릴 때 받는 충격을 줄이려고 바퀴 테에 고무를 둘렀지요. 기차는 매끈한 철로 위에서 이동해서 도로에서보다 충격이 덜해요. 또 기차 무게를 견뎌야 해서 고무바퀴는 알맞지 않아요. 그래서 기차에는 쇠로 만든 바퀴인 철륜을 달아요. 고무바퀴든 철륜이든 오래 쓰면 닳기 때문에 안전을 위해서 바꿔 줘야 해요.

- 지구를 생각하는 자동차
- 찌릿찌릿 전기차
- 에너지를 재활용하는 차
- 보다 친환경적인 수소차

한눈에 쏙 환경 오염 줄이는 친환경 자동차
한 걸음 더 지구가 열받은 이유

지구를 생각하는 자동차

오늘날, 자동차에서 뿜어 나오는 매연으로 공기가 오염됐어요. 화석 연료를 태울 때 이산화 탄소 같은 오염 물질이 나오거든요. 과학자들은 환경 오염을 줄이려고 친환경 교통수단을 연구하고 있어요.

화석 연료의 문제점

내연 기관 자동차는 석유 같은 화석 연료를 태워 에너지를 얻어요. 화석 연료는 아주 오래전 살았던 생물이 땅속에 묻혀서 만들어진 것이에요. 화석 연료를 쓰면서 생활이 편리해졌지만 결국 문제가 생기고 말았지요.

땅속에 묻힌 화석 연료는 점점 줄어들고 있어요. 지금처럼 너무 많이 사용하면 몇백 년 안에 동나고 말겠지요. 게다가 자동차는 화석 연료를 태우면서 배기구*로 이산화 탄소 같은 온실가스를 내보내요. 이렇게 공기 중에 온실가스가 늘면서 지구 기온이 갈수록 높아져요.

화석 연료는 줄고 있을 뿐 아니라 환경 오염을 일으키는 주요 원인으로 꼽혀요. 새로운 방법을 찾으려는 노력이 필요해요.

★ **배기구** 안에 있는 공기나 가스를 밖으로 내보내는 구멍.

연료를 덜 쓰면 어떨까?

내연 기관 자동차가 달리려면 화석 연료가 꼭 필요해요. 그렇다면 연료를 덜 쓰면 환경 오염을 줄일 수 있지 않을까요? 그러니까 같은 거리여도 더 적은 연료로 달릴 수 있게 되면요.

연비는 일정한 양의 연료로 달릴 수 있는 거리를 나타내요. 연비가 높은 차는 같은 양의 연료로 더 먼 거리를 갈 수 있지요. 과학자들은 연비를 높인 엔진을 만들었어요. 신호를 기다릴 때 시동이 잠시 꺼졌다가 출발할 때 다시 시동이 걸리는 기술도 개발했고요. 또한 가벼우면서도 튼튼한 재료와 공기 저항을 줄이는 구조를 찾으려고 끊임없이 연구하고 있어요. 무게가 가볍고 공기 저항을 덜 받을수록 더 멀리 달릴 수 있거든요. 공기 저항은 자동차가 달릴 때 공기가 방해하는 힘을 말해요.

숫자가 낮을수록 연비가 좋아 에너지가 절약돼요!

찌릿찌릿 전기차

아무리 연비 좋은 자동차라고 해도 결국 화석 연료를 태워 달려요. 과학자들은 방법을 찾으려고 고민했고, 이렇게 해서 화석 연료 대신 전기로 달리는 전기차가 탄생했지요.

엔진 대신 모터

전기차는 배터리에 저장된 전기를 써서 달려요. 그래서 전기차에는 엔진 대신 모터가 달려 있어요. 장난감 자동차에 붙어 있는 것과 같지요. 흥미로운 사실은 내연 기관 자동차에는 보통 엔진이 하나밖에 없지만, 전기차는 종류에 따라 모터가 네 개까지 달려 있다는 거예요. 모터가 네 개 달린 전기차는 바퀴 네 개를 따로 움직일 수 있어요.

모터 달린 바퀴

궁금해! 전동기 원리

모터는 전기 에너지를 회전하는 운동 에너지로 바꾸는 장치로, 흔히 전동기라고도 불러요. 전동기는 코일과 자석으로 이루어져 있는데, 코일은 구리나 알루미늄 줄을 휘감아서 전기가 통하게 만든 선이지요. 전동기는 코일 사이에 자석이 있거나, 자석 사이에 코일이 있는 구조예요. 종류에 따라 구조가 조금씩 달라도 원리는 같아요. 코일에 전기를 흘리면 전자석이 되는데, 그러면 서로 밀고 당기는 자석의 성질에 의해 코일이나 자석이 회전하지요. 코일처럼 전기가 흐르면 자석의 성질을 띠고, 전기를 끊으면 원래 상태로 돌아가는 일시적 자석을 전자석이라고 해요.

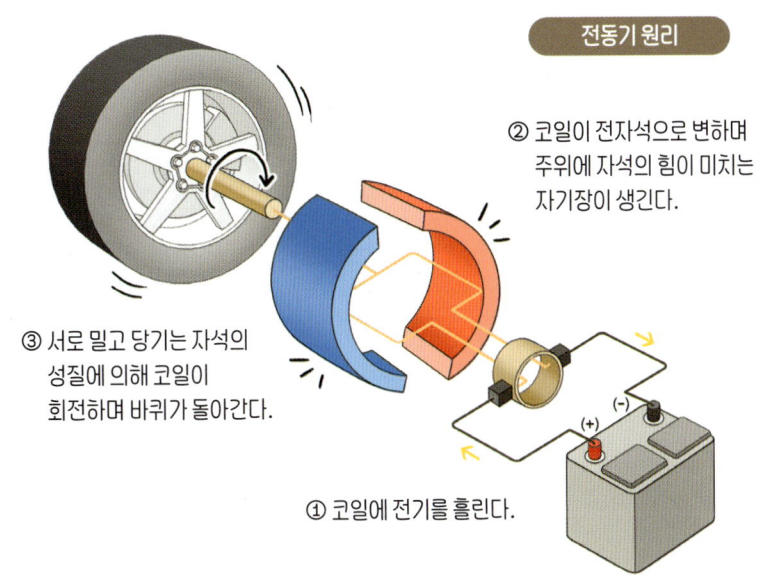

두 개의 심장을 가진 자동차

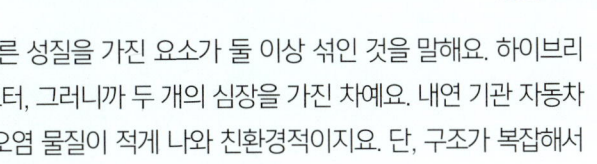

하이브리드는 서로 다른 성질을 가진 요소가 둘 이상 섞인 것을 말해요. 하이브리드 자동차는 엔진과 모터, 그러니까 두 개의 심장을 가진 차예요. 내연 기관 자동차에 비해 연비가 좋고 오염 물질이 적게 나와 친환경적이지요. 단, 구조가 복잡해서 고장이 나면 수리가 까다로워요.

배터리 품은 전기차

믿기 힘들겠지만 사실 내연 기관 자동차보다 전기차가 먼저 발명되었어요. 최초의 전기차는 1834년에 나왔으니까요. 발명왕 에디슨도 전기차 개발에 뛰어들 정도로 큰 관심을 받았지요. 얼마 뒤 내연 기관 자동차가 나와 경쟁에서 밀려나 버리고 말았지만요.

경쟁에서 밀린 이유가 무엇이냐고요? 여러 가지 이유가 있지만 가장 큰 문제는 배터리였어요. 전기차에는 전기를 대는 배터리가 필요하잖아요. 그 당시에는 배터리를 만드는 기술이 지금보다 부족했거든요. 크고 무거운 데다 충전하려면 시간이 오래 걸려서 사용하기가 불편했지요. 이렇게 사라졌던 전기차는 화석 연료 부족과 환경 오염 문제가 심각해지며 1990년대부터 다시 주목을 받게 됐어요.

충전과 방전을 반복하는 배터리

배터리는 충전해서 사용할 수 없는 1차 전지와 충전해서 다시 사용하는 2차 전지로 나눠요. 2차 전지는 1차 전지와 달리 계속 쓸 수 있어서 친환경적이지요.

전기차 배터리는 충전과 방전을 반복해 사용할 수 있는 2차 전지예요. 배터리 충전 과정에서 전기 에너지는 화학 반응*을 통해 화학 에너지로 바뀌어 저장돼요. 저장된 에너지를 쓸 때는 화학 에너지를 다시 전기 에너지로 바꾸어 내보내고요. 이것을 방전이라고 해요.

전기차의 힘은 배터리에서 나와요. 과학자들은 한 번에 더 많은 에너지를 저장하며, 더 빠르게 충전되는 배터리를 개발하기 위해 노력하고 있어요.

1차 전지	2차 전지
한 번 사용하고 나면 충전이 불가능함. (예) 건전지	충전과 방전을 반복해 계속 사용할 수 있음. (예) 납축전지, 리튬 이온 전지

★ **화학 반응** 두 가지 이상의 물질 사이에 화학 변화가 일어나서 다른 물질로 변화하는 과정.

에너지를 재활용하는 차

앞에서 살펴봤듯이 전기차는 내연 기관 자동차보다 친환경적이에요. 화석 연료 대신 전기로 달리니 매연을 내뿜지 않고, 또 에너지를 재활용하는 기술로 자원 낭비를 막아요. 그래서 많은 사람들에게 사랑받고 있답니다.

나쁜 운전 습관이 환경을 망친다고?

자동차 종류뿐 아니라 운전 습관도 환경에 큰 영향을 미쳐요. 달리는 차의 속도를 줄이거나 멈추려면 브레이크를 밟아야 해요. 브레이크를 밟으면 브레이크 패드와 디스크가 맞물리면서 바퀴 회전 속도가 느려져요. 바퀴가 땅과 마찰을 일으키면 운동 에너지가 열에너지로 바뀌어 멈추게 되지요. 그런데 이 열에너지는 모아서 다시 쓸 수 없어요. 에너지가 그대로 낭비되는 거예요.

또 마찰로 브레이크 쇳가루, 타이어 부스러기 등 오염 물질이 나와 환경 문제를 일으켜요. 마치 지우개를 문지르면 가루가 떨어지는 것처럼요. 이러한 이유로 브레이크를 급하게 자주 밟는 운전 습관이 환경을 해친다고 말하는 거예요.

운동 에너지가 열에너지로 바뀌어 멈추는 자동차

전기차에 딸린 회생 제동 장치

전기차에도 물론 브레이크가 달려 있어요. 그런데 회생 제동 또는 회생 브레이크 기술을 이용하면 운동 에너지가 전기 에너지로 바뀐답니다. 이러면 자동차의 운동을 멈추게 할 때 낭비되는 에너지를 저장해서 다시 쓸 수 있지요.

전기차는 속도를 줄일 때 돌아가던 바퀴의 운동 에너지를 끌어와 전기 에너지로 바꿔요. 그러니까 모터를 전기를 얻는 발전기로 이용하는 셈이에요. 모터와 발전기 구조는 거의 같아요. 모터는 전기 에너지를 운동 에너지로 바꾸고, 발전기는 운동 에너지를 전기 에너지로 바꾼다는 점이 다를 뿐이지요.

회생 제동으로 얻은 전기 에너지는 배터리를 충전하는 데 쓰여요. 전기차뿐 아니라 하이브리드 자동차도 이런 방법으로 에너지를 아낀답니다.

회생 제동 원리

속도를 높일 때
모터가 전기를 써서 바퀴를 회전시킴.

속도를 줄일 때
모터를 발전기로 이용해 전기를 충전함.

보다 친환경적인 수소차

자동차 배기구에서 매연이 나오는 것을 본 적이 있을 거예요. 화석 연료가 타면서 오염 물질이 생기기 때문이에요. 그런데 수소차 배기구에서는 순수한 물이 나온다고 해요. 이 사실을 믿을 수 있겠어요?

수소로 달리는 자동차

수소차는 수소를 연료로 전기를 만들어 움직여요. 조금 더 자세히는 수소 연료 전지 자동차라고 해요. 상온에서 석유는 액체 상태이지만 수소는 기체 상태예요. 물질 가운데 가장 가벼울 뿐 아니라 우주에 풍부하게 존재하지요. 또 수소는 쉽게 불타는 성질이 있어요. 불에 잘 탄다고 너무 겁먹을 필요는 없어요. 특별하게 설계된 탱크 속에 집어 넣으니까요. 수소차는 전기차에 비해 충전 속도가 빠르며 멀리 달릴 수 있어요. 문제는 아직은 수소 충전소가 적다는 점이에요.

한편 기체 수소 연료를 액체 상태로 보관하는 충전소도 등장했어요. 이렇게 하면 연료 부피가 줄고 충전 속도가 더 빨라져 수소차가 널리 쓰이게 될 거예요.

수소와 산소가 만나면?

수소는 공기 중 산소와 만나면 급격하게 타올라요. 그런데 수소가 타면 오염 물질이 나오는 게 아니라 신기하게도 물이 생겨요. 수소와 산소가 결합해 물을 이루기 때문이지요. 그래서 수소차 배기구에서 순수한 물이 나오는 것이랍니다.

수소 연료 전지는 수소를 연료로 해 전기 에너지를 만드는 장치예요. 수소를 공기 중 산소와 반응시켜 전기와 물을 얻지요. 반대로 물을 전기로 분해하면 수소와 산소를 얻을 수 있어요.

전기차는 보통 발전소에서 생산한 전기를 사용해요. 그런데 발전소에서 화석 연료를 써서 발전기를 돌리면 이산화 탄소 같은 오염 물질이 나올 수밖에 없잖아요? 수소차는 수소를 연료로 전기를 만들기 때문에 보다 친환경적이라고 할 수 있어요.

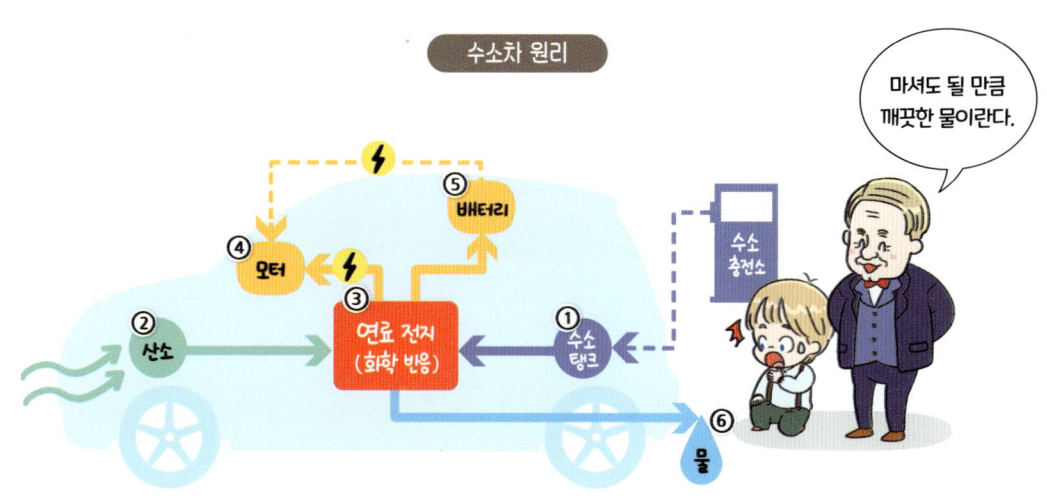

① 연료 탱크에 수소를 채운다.
② 공기 중의 산소가 들어온다.
③ 연료 전지에서 수소와 산소가 결합해 화학 반응을 일으킨다.
④ 만들어진 전기로 모터를 돌려 바퀴를 굴린다.
⑤ 남은 전기는 배터리에 저장했다가 필요할 때 꺼내 쓴다.
⑥ 연료 전지에서 만들어진 물을 배기구로 내보낸다.

환경 오염 줄이는 친환경 자동차

화석 연료와 자동차

- 화석 연료: 아주 오래전 살았던 생물이 땅속에 묻혀서 만들어진 것으로, 오늘날 연료로 이용됨. 석유, 석탄, 천연가스 등이 있음.
- 화석 연료는 점점 줄어들고 있어 지금처럼 사용하면 연료가 부족해질 것임. 게다가 화석 연료를 쓰는 내연 기관 자동차는 달리면서 오염 물질을 내보냄.
- 연비가 높은 자동차를 개발하면 화석 연료를 덜 써서 환경 오염을 줄일 수 있음.

전기차와 배터리

- 전기차는 배터리에 저장된 전기의 힘으로 달림. 전기차에는 엔진 대신 모터가 달려 있음.
- 모터: 전기 에너지를 회전하는 운동 에너지로 바꾸는 장치로, 흔히 전동기라고도 부름.
- 전기차의 핵심은 배터리임. 과거 배터리는 크고 무거운 데다 충전 시간이 오래 걸려서 내연 기관 자동차와의 경쟁에서 밀렸음. 화석 연료 부족과 환경 오염 문제가 심각해지며 1990년대부터 전기차가 다시 주목을 받게 됐음.

- 1차 전지: 한 번 사용하고 나면 충전이 불가능한 배터리.
- 2차 전지: 충전과 방전을 반복해 계속 사용할 수 있는 배터리. 재사용이 가능해 친환경적임. 전기차에는 2차 전지가 쓰임.

친환경 전기차
- 전기차는 내연 기관 자동차보다 친환경적임. 화석 연료 대신 전기를 사용하니 이산화 탄소 같은 오염 물질을 내보내지 않고, 에너지를 재활용하는 기술로 자원 낭비를 막음.
- 일반 자동차는 정지할 때 운동 에너지가 열에너지로 바뀌며 낭비됨. 마찰로 브레이크 쇳가루, 타이어 부스러기 등이 나와 환경을 오염시킴.
- 전기차는 회생 제동을 이용해 에너지를 절약함. 달릴 때는 모터가 전기를 써 바퀴를 돌리지만, 속도를 줄일 때는 모터가 발전기 역할을 하며 전기를 충전함.

수소차와 연료 전지
- 수소 연료 전지는 수소와 산소를 결합시켜 전기 에너지로 바꾸는 장치임. 수소와 산소가 반응하는 과정에서 전기와 물이 생겨남.
- 수소차는 수소를 연료로 전기를 만들기 때문에 보다 친환경적이라고 할 수 있음.

지구가 열받은 이유

지구의 역사를 살펴보면 평균 기온이 오르락내리락한 것을 알 수 있어요. 지구의 평균 기온이 변하는 이유가 무엇일까요? 지구를 둘러싼 공기, 즉 대기를 이루는 성분이 변했기 때문이에요.

온실가스가 뭐야?

대기에 이산화 탄소, 메테인 같은 기체가 많아지면 기온이 올라가요. 이런 기체를 온실가스라고 불러요. 지구를 온실처럼 데우기 때문에 붙은 이름이지요.

추운 겨울에도 유리 온실에서는 식물이 잘 자라요. 어떻게 겨울에도 따뜻할까요? 태양에서 나온 에너지가 땅에 닿으면 열을 받아 온도가 올라가요. 땅은 받은 열을 밖으로 내보내는데 이 열을 유리가 가두지요. 온실가스는 마치 유리 같은 역할을 해요. 대기 중에 온실가스가 많아지면 그만큼 온실 효과가 커지며 지구 기온도 오르는 것이랍니다. 지구 기온이 점점 오르는 현상을 지구 온난화라고 해요.

지구 온난화 때문에

오늘날 온실가스 양이 갑자기 늘어난 것은 인간 활동 때문이에요. 산업 혁명 이후 공장과 교통수단을 움직이는 데 화석 연료를 엄청나게 쓰고 있어요. 이산화 탄소를 빨아들여 산소를 내놓는 숲을 파괴하는 것도

녹고 있는 극지방 빙하

큰 문제예요. 이대로 지구가 뜨거워지면 어떻게 될까요? 극지방 빙하가 녹아서 바닷물 높이가 올라가 큰 피해를 입을 게 분명해요. 그뿐이 아니에요. 기후와 환경이 변해서 많은 동식물이 멸종할 수 있어요.

환경 오염으로 지구 온난화 문제가 심각해지면서 친환경 교통수단이 더욱 중요해지고 있어요. 앞으로의 교통수단은 온실가스를 줄이는 한편 친환경 에너지를 사용하는 쪽으로 변화할 거예요.

3화
운전자 없이도 알아서 척척

기술 인공지능과 자율 주행 기술

- 스스로 달리는 자율 주행차
- 자율 주행을 위한 알고리즘
- 자율 주행으로 어떻게 달라질까?
- 자율 주행 시대를 앞두고

한눈에 쏙 인공지능과 자율 주행 기술
한 걸음 더 누구를 살려야 할까?

스스로 달리는 자율 주행차

스스로 달리는 자율 주행차가 떠오르고 있어요. 지금은 사람이 직접 운전해야 하는 차가 대부분이지만, 다가올 미래에는 운전자 없이도 차 스스로 달리게 될 거예요. 그러려면 어떤 기술이 필요할까요?

완전 자율 주행을 꿈꾸다

자율 주행차는 사람이 운전하지 않아도 스스로 달리는 자동차를 말해요. 영화에서 한 번쯤 본 적 있지요?

현재는 자율 주행 기술이 완벽하지 않아서 0부터 5까지 단계로 구분하는데, 0에서 2단계는 단지 운전을 도와주는 수준이에요. 그래서 진정한 자율 주행차라고 보기가 어려워요. 3단계부터는 사람이 운전대를 잡지 않아도 차가 스스로 움직여요. 장애물을 피하고 차선도 바꾸면서요. 단, 상황이 복잡하면 사람이 운전을 맡아야 하지만요. 4단계는 이보다 수준이 높아지며, 5단계에 이르면 운전자 없이도 목적지에 도착해 주차까지 마치는 완전 자율 주행을 할 수 있게 돼요. 머지않아 현실이 될 것으로 기대를 모으고 있지요.

스스로 조종해 달리는 자율 주행차

자율 주행을 위한 기술

자율 주행에는 여러 기술이 필요해요. 다양한 상황에서 사람처럼 생각해 움직여야 하니까요. 운전은 간단해 보여도 사실은 복잡하고 어려운 일이에요. 운전자는 수많은 연습을 통해 이 일을 빠르게 해내는 것이랍니다. 인공지능은 방대한 정보(빅 데이터)를 분석하고 예측해서 사람처럼 생각하고 행하는 컴퓨터 프로그램이에요. 그러니까 자율 주행차는 인공지능이 운전하는 셈이지요.

자율 주행차는 어떤 물체가 사람인지, 건물인지, 다른 차인지 구별할 줄 알아야 해요. 만약 그 물체가 움직이면 다음 행동을 예측해 충돌을 피해야 하고요. 이때 필요한 장치가 주위 변화를 알아내 알려 주는 카메라와 센서예요. 사람이 감각 기관을 통해 세상을 살피듯 카메라와 센서가 주변 환경을 감지하는 것이지요.

물체가 갑자기 튀어나왔을 때 차가 늦게 멈추면 충돌할 수 있어요. 급하게 멈추는 상황에서는 차에 탄 사람이 다치지 않게끔 주의를 줘야 하고요. 이럴 때 첨단 운전자 지원 시스템같은 기술이 도움을 줘요. 기계 스스로 위험을 판단하고 장치를 제어하는 기술로, 많은 전문가가 연구를 거듭하고 있답니다.

주변 환경을 분석해서 움직이는 자율 주행차

자율 주행을 위한 알고리즘

기술이 갖춰졌다고 해서 자율 주행차가 당장 도로를 달릴 수 있는 것은 아니에요. 정확하고 안전한 자율 주행을 위해서는 알고리즘이 마련되어야 해요.

복잡한 문제를 차근차근

도로 위에서 자율 주행차가 정확하고 안전하게 달리려면 상황에 따라서 어떻게 대처할지 알아야 해요. 어떤 장소로 향할 때, 사람이라면 "왼쪽으로 돌아서 100미터를 더 가면 됩니다."라고 길을 알려 주기만 해도 돼요. 하지만 자율 주행차는 달라요. 단순히 길을 찾아가는 방법만 알아서는 안 되지요.

자율 주행이 이루어지려면 운전 중 일어날 수 있는 모든 상황에 대비해 어떻게 할지를 알려 주어야 해요. 이렇게 복잡한 문제를 작은 문제들로 나누어, 각 단계를 순서대로 처리하게 해 놓은 것이 알고리즘이에요. 인공지능이나 코딩을 공부할 때 한 번쯤 들어 봤지요? 알고리즘은 우리 생활 깊숙이 파고들고 있어요.

문제를 여러 단계로 나누어 해결하는 알고리즘

알고리즘을 더 똑똑하게

우리는 운전 경험이 없다고 하더라도 횡단보도에 사람이 나타나면 멈춰야 하는 것을 알아요. 능숙한 운전자라면 속도를 어떻게 줄일지 계산해, 횡단보도 위 사람은 물론이고 차에 탄 사람도 보호하게끔 멈출 수 있지요. 그런데 기계는 달라요. 이런 상황에서 어떻게 대처해야 하는지 알고리즘을 짜 줘야 해요.

자율 주행차는 먼저 횡단보도 위 물체가 무엇인지 판단하는 과정부터 시작해요. 물체를 분석하고, 물체와의 거리를 따져서, 안전하게 멈추는 이 모든 과정이 알고리즘 아래 이루어진답니다.

그런데 도로에는 사람도 차도 많잖아요? 주변 움직임까지 예측해야 하지요. 이렇게 복잡한 상황에서 정확하고 안전하게 달리려면 알고리즘은 매우 자세해질 수밖에 없어요.

자율 주행 기술은 이제 시작하는 단계라 알고리즘을 하나하나 마련해야 해요. 지금도 도로 위에서 자율 주행 알고리즘을 시험하고 있는데, 이는 인공지능에 다양한 상황을 학습시키기 위해서예요.

다양한 상황을 경험한다고 해도 새로운 문제와 맞닥뜨릴 수 있어요. 따라서 쌓은 정보를 바탕으로 스스로 판단하는 기능도 발전해야 해요.

자율 주행으로 어떻게 달라질까?

자율 주행차를 실용화하려면 해결해야 할 과제가 많아요. 그런데도 왜 자율 주행차를 만들어야 할까요?

더욱 안전한 교통 생활

교통사고 대부분은 운전자의 실수나 잘못으로 생겨요. 운전에 덜 익숙한 초보 운전자만 사고를 내는 것도 아니에요. 운전 실력을 지나치게 믿다가 사고를 내는 일도 있으니까요.

운전하면서 졸거나 스마트폰을 보는 행동 등은 사고가 일어날 위험을 높여요. 그런데 자율 주행차는 이런 사고를 낼 걱정이 없어요. 한눈팔지 않고 오로지 운전에만 집중하니까요. 또 사람처럼 교통 규칙을 어길 일도 없지요.

기술이 발전해서 자율 주행차가 실용화되면 우리는 더 안전한 교통 생활을 누릴 수 있을 거예요. 운전자는 사고에 대비해 보험을 드는데, 사고가 줄어들면 보험 제도도 변하겠지요. 교통사고도 사람이 아닌 기계가 내는 것이기에 책임을 떠맡는 대상 또한 달라지지 않을까요?

길이 막히지 않는다?

출퇴근 시간에는 자동차가 한꺼번에 몰려서 길이 막히고는 해요. 이러한 현상을 교통 체증이라고 하는데, 운전자를 지치게 만들지요.

그뿐이 아니에요. 도로 위에서 연료가 낭비되며 환경을 오염시키는 매연도 더 많이 쏟아져 나와요.

자율 주행차가 실용화되면 교통 체증이 사라질 거예요. 서로 연결된 네트워크를 통해 교통량을 실시간으로 조절하게 될 테니까요. 어떤 도로에 자동차가 몰리면 다른 길로 돌아가게 하는 거예요. 자동차가 일정한 흐름을 타고 계속 달리면 연료를 아낄 수 있어요. 게다가 사람은 차 안에서 운전하지 않고 쉬어도 되니 그만큼 부담이 줄어들겠지요.

교통 약자를 위한 이동 수단

자동차를 운전하려면 면허가 필요해요. 우리나라의 경우, 18세가 되어야 보통 운전면허 시험을 치를 수 있어요. 그런데 우리 주변에는 어린이를 비롯해 노인이나 장애인, 임산부 같은 이동에 어려움을 겪는 교통 약자가 많아요. 그중에서는 대중교통을 이용하기 어려운 사람도 있지요. 자율 주행차가 실용화되면 교통 약자도 편리하게 이동할 수 있어요.

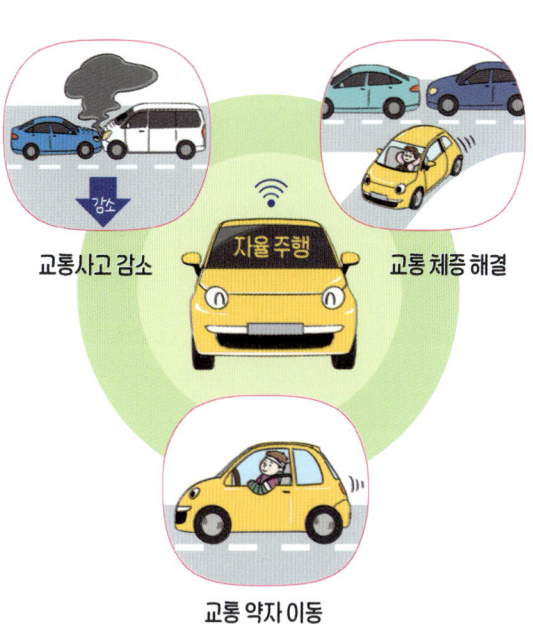

자율 주행 시대를 앞두고

성큼 다가온 자율 주행 시대를 앞두고 사람들 사이에서 기대와 걱정이 나오고 있어요.

자율 주행, 어디까지 왔을까?

얼마 전, 우리나라 자동차 회사가 미국의 로봇 회사를 인수했어요. 미래의 자율 주행차는 로봇과 결합된 형태가 될 것이라고 판단했기 때문이에요. 미국의 한 자동차 회사는 인터넷 플랫폼 회사와 손을 잡았어요. 이러한 일을 미루어 보면 미래 교통수단은 자동차, 로봇, 인터넷 등 다양한 기술이 함께 어우러져 작동할 것으로 보여요.

한편 미국, 중국 등에서는 자율 주행 택시인 이른바 로보택시가 등장했어요. 갑자기 멈추거나 사고를 내는 등 부작용이 잇따르면서 반대하는 사람이 늘고 있지만요.

도로를 달리는 자율 주행 택시

반대하는 목소리

앞으로 등장할 자율 주행차는 운전자 없이도 정확하고 안전하게 목적지까지 이동할 거예요. 그러면 택시 기사, 버스 기사, 트럭 기사 등 운전하는 직업이 사라질 수 있어요. 아무래도 반대가 만만치 않겠지요? 일자리를 잃는데 반길 사람은 없을 테니까요. 자율 주행차가 널리 쓰일수록 일자리 감소 문제를 어떻게 해결할지 고민해 봐야 해요.

발목 잡는 법과 제도는 안 돼

1800년대 영국에서는 증기 기관차뿐 아니라 증기 자동차도 다녔어요. 자동차의 등장으로 마차가 밀릴 듯하자 마차업자의 불만이 커졌고, 그 결과 붉은 깃발법(적기조례)이 만들어졌지요. 이 법에 따르면 도시에서 자동차는 마차보다 빨리 달릴 수 없으며, 조수가 앞에서 붉은 깃발을 들어 미리 주의를 줘야 했어요.

안전을 위한 것이라고 했지만 붉은 깃발법은 사실 어처구니없는 법이었어요. 결국 영국 자동차 산업은 후퇴해서 독일과 미국에 자동차 왕국 자리를 넘겨주게 되었지요. 지금까지도 어리석은 법과 제도가 산업을 망친 대표적 사례로 오르내리고요. 이 같은 실수를 되풀이해서는 안 되겠지요? 다가오는 자율 주행 시대에 대비해 제대로 된 법과 제도를 마련해야 해요.

한눈에 쏙!

인공지능과 자율 주행 기술

자율 주행차
- 사람이 운전하지 않아도 스스로 달리는 자율 주행차는 인공지능을 활용해 움직임.
- 사람이 감각 기관을 통해 세상을 살피듯, 자율 주행차는 카메라와 센서를 이용해 주변 상황을 감지함.
- 기계 스스로 위험을 판단하고 장치를 제어하는 첨단 운전자 지원 시스템도 자율 주행 기술의 하나임.

자율 주행 알고리즘
- 자율 주행이 이루어지려면 운전 중 일어날 수 있는 모든 상황에 대비해 어떻게 할지를 알려 주어야 함. ➡ 알고리즘은 복잡한 문제를 작은 문제들로 나누어, 각 단계를 순서대로 처리하게 해 놓은 것임. 자율 주행차는 알고리즘에 따라 결정을 내림. ➡ 다양하고 복잡한 상황에서 정확하고 안전하게 달리려면 알고리즘은 매우 자세해질 수밖에 없음.
- 지금도 도로 위에서 자율 주행 알고리즘을 시험하고 있는데, 이는 인공지능에게 다양한 상황을 학습시키기 위해서임.

다가온 자율 주행 시대

- 자율 주행차가 실용화되면 사고가 줄어 안전한 교통 환경이 만들어짐. 교통 체증을 해결하고, 운전 부담을 줄이는 한편, 교통 약자 이동에도 도움을 줄 것으로 기대됨.
- 미래의 교통수단은 자동차, 로봇, 인터넷 등 다양한 기술이 함께 어우러져 생활을 더욱 편리하게 만들 것임.
- 우리 생활에 자율 주행차가 들어오는 과정에서 부작용이 나오기도 함. 다양한 산업에서 운전자 역할이 줄어들면서 일자리 감소 문제가 나타날 수 있음.
- 다가오는 자율 주행 시대에 대비해 법과 제도를 정비해야 함.

한 걸음 더!

누구를 살려야 할까?

자율 주행 시대가 다가오면서 새롭게 떠오르는 문제가 있어요. 바로 딜레마에 맞닥뜨렸을 때 어떻게 결정을 내려야 하는가예요.

이러지도 저러지도 못할 때

딜레마는 둘 중 하나를 골라야 하는데, 어느 쪽을 선택해도 바람직하지 못한 결과가 나오게 되는 상황을 뜻해요. 비슷한 뜻으로 진퇴양난(進退兩難)이라는 사자성어가 있어요. 한마디로 이러지도 저러지도 못하는 어려운 처지를 말하지요.

윤리학에서 트롤리 딜레마 문제가 나와요. 브레이크가 고장 난 기차가 철로를 따라 달리고 있어요. 이 철로 위에서 일꾼 다섯 명이 일하는 중이라 기차가 그대로 달리면 모두 죽고 말 거예요.

만약 기차 방향을 바꾸면 다른 철로에 있는 일꾼 한 명이 죽고요. 여러분이라면 이 상황에서 어떤 선택을 하겠어요?

도로 위에서 맞닥뜨린 딜레마

도로 위에서도 트롤리 딜레마 같은 상황이 얼마든지 벌어질 수 있어요.

상황 ① 자동차가 달리는데 갑자기 사람 다섯이 튀어나와 도로를 가로질러요. 그대로라면 사람들이 다치거나 죽을 수 있어요. 만약 자동차 방향을 꺾으면 횡단보도 앞에서 신호를 기다리던 사람 한 명을 치게 돼요.

상황 ② 자동차가 달리는데 갑자기 사람이 튀어나와 도로를 가로질러요. 이 사람을 보호하려고 방향을 꺾으면 장애물에 부딪혀 운전자 자신이 죽을 수 있어요. 방향을 꺾지 않으면 도로 위 사람이 죽고요.

상황 ③ 자동차가 빠르게 달리는데 어린아이와 노인이 도로를 건너고 있어요. 모두 피할 수 없는 상황이라면 과연 누구를 살려야 할까요?

하나같이 선택을 내리기가 어렵다고요? 자율 주행 알고리즘 만드는 일을 기술만으로 해결할 수 없는 이유예요. 윤리적 결정을 해야 하는 상황까지 따져 규칙을 꼼꼼하게 짜야 하니까요. 우리 사회가 함께 머리를 맞대 고민해야 자율 주행 알고리즘을 완성할 수 있답니다.

4화

따로 또 같이

사회 변화하는 대중교통

- 떠오르는 개인형 이동 장치
- 함께 타는 공유 모빌리티
- 더욱 편리하게 목적지로
- 내게 딱 맞는 자동차

한눈에 쏙 변화하는 대중교통
한 걸음 더 교통 체증 해결을 위해

떠오르는 개인형 이동 장치

길에서 전기 자전거나 전동 킥보드 따위를 타고 다니는 사람을 흔히 볼 수 있어요. 걷기에는 조금 멀고 버스나 지하철을 타기에는 마땅찮을 때 유용한 교통수단이지요.

개인형 이동 장치란?

개인형 이동 장치를 퍼스널 모빌리티(personal mobility)라고 해요. 전기로 움직이는 자전거, 킥보드, 스케이트보드, 휠 등이 있어요. 개인형 이동 장치는 한두 명이 이용할 정도로 크기가 작아서 마이크로 모빌리티(micro mobility)라고도 불려요. 여기에 초소형 전기차도 포함돼요.

다양한 개인형 이동 장치

전기 자전거

전동 킥보드

전동 스케이트보드

전동 휠

초소형 전기차

도시에 필요한 이유

개인형 이동 장치가 주목받는 이유는 교통 체증과 환경 오염 때문이에요. 도시에서는 한정된 도로에 차가 몰리다 보니 교통 체증이 생길 수밖에 없어요. 비교적 크기가 작은 개인형 이동 장치는 교통 체증을 어느 정도 해결해 줄 거예요. 또 전기로 움직이기 때문에 환경 오염을 줄이는 효과도 있지요. 혼자 사는 1인 가구가 점점 늘어나는 상황에도 알맞고요.

문제점도 있어!

개인형 이동 장치는 공유 경제와 만나 생활에 빠르게 스며들고 있어요. 어떤 물건을 여럿이 함께 사용하는 경제 활동 방식을 공유 경제라고 해요. 공유 전기 자전거나 전동 킥보드는 주변 어디에나 놓아두면 다음에 필요한 사람이 쓸 수 있어요. 이렇게 자유롭게 주차하고 이용하는 방식을 도크리스(dockless)라고 해요.

최근에는 도크리스 서비스를 규제해야 한다는 목소리가 높아요. 무질서한 주차로 불편을 겪는 사례가 나오고 있거든요. 안전 사고 또한 잦아졌어요. 여러분도 길에서 갑자기 튀어나온 전동 킥보드 때문에 놀랐던 경험이 있을 거예요. 이에 모두의 안전을 위해 법과 제도를 강화하고 있어요. 새로운 교통수단이 등장하면 법과 제도를 정비하는 일도 중요하지만, 무엇보다 모두가 안전에 한층 더 신경 써야 해요. 안심하고 편리하게 사용할 수 있는 환경을 함께 만들어야 하지요.

함께 타는 공유 모빌리티

대중교통이 충분히 갖춰지지 않은 곳에서는 차를 빌려 쓰기도 해요. 요금을 내고 빌려 쓰는 자동차를 렌터카(rent-a-car)라고 하는데, 이제는 렌터카를 넘어 공유 모빌리티(shared mobility)가 뜨고 있어요.

지금은 공유 경제 시대

공유는 여럿이 함께 가지거나 나누어 쓰는 것을 뜻해요. 앞에서 이야기했듯이, 어떤 물건을 여럿이 함께 사용하는 경제 활동 방식을 공유 경제라고 하고요. 현대의 대량 생산과 대량 소비에 반대하며 생겨난 개념이지요. 공유 경제가 주목받는 이유는 이미 생산된 물건을 함께 써서 환경적으로도 경제적으로도 이롭기 때문이에요.

공유 모빌리티는 전기 자전거, 전동 킥보드, 자동차 등 교통수단을

렌터카와 공유 모빌리티 비교

	렌터카	공유 모빌리티
개념	일정 기간 동안 돈을 내고 빌리는 자동차	교통수단을 함께 나눠 쓰는 공유 경제의 하나
특징	・하루 단위로 빌리는 방식이어서 길게 필요한 경우에 유리함. ・보통 전국에 사무소를 두고 운영하며, 직원과 만나 자동차를 주고받는 방식임.	・시간 단위로 빌리는 방식이어서 짧게 필요한 경우에 유리함. ・애플리케이션을 통해 가장 가까운 거리에 있는 교통수단을 빌려 쓰는 방식임.
요금	사용 기간과 차량 종류에 따라 요금 기준이 마련되어 있음.	이동한 거리에 따라 요금이 매겨짐.

여러 사람이 공유하는 서비스예요. 버스나 기차 같은 대중교통이 닿지 않는 구석구석까지 이동할 수 있어서 편리하지요.

공유 모빌리티를 이용하면 굳이 자동차를 사지 않아도 되니 자원과 비용을 모두 아낄 수 있어요. 교통 체증을 줄이는 효과도 있고요. 또 대부분 자동차는 도로 위에서 달리기보다는 주차장에 세워져 있는 시간이 길잖아요? 이 때문에 주차 자리가 부족해서 곤란을 겪을 때가 많지요. 공유 모빌리티는 필요할 때에만 빌려 쓰는 식이어서 주차 문제를 해결하는 데도 도움을 줄 거예요.

자동차를 각자 소유하면, 출퇴근 시간을 빼고는 차가 주차장에 있게 돼요. 이는 자원과 비용이 낭비되는 일이에요.

자동차를 함께 공유하면, 하나의 차로 여러 사람이 필요할 때 사용할 수 있어요. 환경적으로도 경제적으로도 이롭지요.

더욱 편리하게 목적지로

우리는 약속 장소로 갈 때 버스와 지하철을 적절히 갈아타요. 어떤 때는 바로 갈아타기도 하지만, 어떤 때는 한동안 기다리기도 해요. 먼 거리를 대중교통으로 갈 때는 여러 번 갈아타야 해서 불편한데, 조금 더 편리해지는 방법이 없을까요?

출발지에서 도착지까지

도어 투 도어(door to door)는 문에서 문까지, 즉 출발지에서 도착지까지를 뜻해요. 인터넷으로 물건을 시키면 택배 회사가 집 문 앞까지 가져다주지요? 이것은 도어 투 도어 서비스의 하나예요. 여러분이 제주도로 여행을 간다고 생각해 볼까요? 여행사에서 집으로 보내 준 차를 타고 가까운 공항으로 이동한 다음, 제주 공항에서 도착지까지 차로 데려다주는 것도 도어 투 도어 서비스라고 볼 수 있어요. 미래에는 이 같은 서비스가 더욱 활발해질 거예요.

도어 투 도어 서비스는 장애인, 노인, 어린이 등 교통 약자에게 더욱 유용해요. 혼자서도 목적지까지 편리하게 이동할 수 있으니까요.

하나로 이어지는 교통수단

대중교통을 이용할 때 출발지부터 도착지까지 바로바로 이어져 이동하면 얼마나 편리할까요? 서비스형 모빌리티(MaaS, Mobility as a Ser vice), 이른바 마스가 떠오르고 있어요. 다양한 교통수단을 하나의 애플리케이션으로 이용하는 서비스이지요.

어떤 사람이 서울에서 부산까지 가는 경우를 생각해 볼까요? 마스가 실현되면 목적지로 한층 빠르고 편리하게 이동할 수 있게 돼요. 애플리케이션에 들어가 출발지와 도착지를 입력하면 철도·항공·버스·공유 모빌리티 등 다양한 교통수단 정보를 한꺼번에 보여 주며, 예약과 결제까지 마칠 수 있게 해 주니까요.

대중교통을 이용할 때는 다양한 조합이 나와요. 최대한 대기 시간 없이 갈아타는 조합을 찾으려면 판단을 잘해야겠지요. 이 판단을 마스가 대신해 이동을 보다 효율적으로 도와줄 거예요.

내게 딱 맞는 자동차

맞춤 가구는 개인에게 맞추어 만들어져요. 가까운 미래에는 자동차도 이렇게 만들어질 거예요. 맞춤형 자동차가 등장하면 우리 생활이 또 어떻게 달라질까요?

자율 주행 시대가 오면

지금은 자동차를 단지 교통수단으로 이용해요. 그런데 자율 주행 시대가 오면 어떨까요? 이동하는 시간 동안 차에서 가만히 있는다고 생각해 보세요. 심심하고 따분하지 않을까요? 이 시간에 차에서 다른 활동을 즐길 수 있으면 좋을 거예요.

이렇게 이동하면서 무엇을 할 것인가에 대한 고민이 깊어지며 새롭게 등장한 교통수단이 있어요. 바로 목적 기반 차량(PBV, Purpose Built Vehicle)이에요. 쉽게 말하면 맞춤형 자동차라고 할까요? 사용자가 원하는 대로 자동차 디자인과 실내 공간을 얼마든지 바꿀 수 있지요.

사용하는 목적에 따라

목적 기반 차량은 쓰임에 따라 설계돼요. 일하느라 이동하는 시간조차 아까운 사람이라면 차를 작은 사무실로 꾸미면 어떨까요? 먼 거리를 이동하는 일이 잦은 사람은 주방과 침대 등을 더해 생활 공간을 만들고요. 필요한 때에 식사를 하고 휴식을 취할 수 있도록요. 이렇게

차가 단순한 교통수단을 넘어 새로운 공간으로 활용되는 거예요.

목적 기반 차량은 나아가 더욱 다양하게 쓰일 거예요. 움직이기 불편한 환자를 찾아가는 이동형 병원이나, 물건을 실어 두고 배달하는 이동형 창고로도 쓰일 수 있지요.

그뿐만 아니라 사용자의 요구에 맞춰 오가는 새로운 대중교통 서비스를 마련할 수도 있을 거예요. 상상해 보면 참 편리하고 재미있는 세상이 되겠지요?

PBV 활용 예시

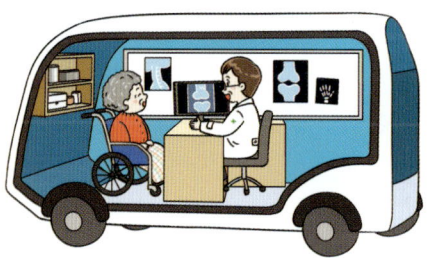

변화하는 대중교통

개인형 이동 장치
- 개인형 이동 장치는 전기를 이용해 움직이는 소형 교통수단으로, 전기 자전거·전동 킥보드·전동 스케이트보드·전동 휠·초소형 전기차 등이 있음.
- 개인형 이동 장치를 이용하면 도시 교통 체증과 환경 오염을 줄이는 효과가 있음. 1인 가구가 늘어나는 상황에도 알맞은 교통수단임.
- 개인형 이동 장치는 공유 경제와 만나 생활에 빠르게 스며들었음. 보이는 곳에서 타고 원하는 곳에 둘 수 있는 도크리스 방식으로 운영됨. 무질서한 주차와 교통사고 등 문제가 잇따르고 있음. 법과 제도를 정비해 안전한 사용 환경을 만들어야 함.

공유 모빌리티
- 공유 경제는 물건을 여럿이 공유해서 사용하는 경제 활동 방식임. 공유 경제가 주목받는 이유는 이미 생산된 물건을 함께 써서 환경적으로도 경제적으로도 이롭기 때문임.
- 공유 모빌리티는 전기 자전거, 전동 킥보드, 자동차 등 교통수단을 여러 사람이 공유하는 서비스임. 버스나 기차 같은 대중교통이 닿지 않는 구석구석까지 이동할 수 있어서 편리함.

- 공유 모빌리티를 이용하면 개인이 자동차를 사지 않아도 되니 자원과 비용을 아낄 수 있음. 교통 체증을 줄이고, 주차 문제를 해결하는 효과도 있음.

목적지로 안내하는 서비스

- 출발지에서 도착지까지 데려다주는 도어 투 도어 서비스는 혼자서 이동하기 어려운 교통 약자에게 특히 유용함.
- 마스(MaaS)는 출발지에서 도착지까지 전 과정을 하나의 애플리케이션으로 이용하는 서비스임. ➡ 애플리케이션에 들어가 출발지와 도착지를 입력하면 가장 효율적인 경로와 교통수단을 찾아 주고, 예약과 결제까지 도와줘서 편리함.

맞춤형 자동차

- 자율 주행 기술이 등장하며 이동하면서 무엇을 할 것인가에 대한 고민이 깊어짐. 이에 개인에 맞추어 설계되는 목적 기반 차량 개념이 등장함.
  ➡ 자동차가 단순한 교통수단을 넘어 새로운 공간으로 활용될 것으로 기대됨.
- 목적 기반 차량을 활용해 새로운 대중교통 서비스를 마련할 수도 있음.

한 걸음 더!

교통 체증 해결을 위해

차가 몰리는 도시에서는 교통 체증이 자주 생겨요. 소음 공해, 대기 오염, 교통사고 같은 문제가 잇따르고요. 이러한 문제를 해결하기 위해서 전에는 요일을 정해 자동차를 쓰지 않는 차량 요일제를 시행하거나, 대중교통을 늘리고는 했어요. 그런데 가까운 미래에 새로운 방법이 등장할 것으로 기대돼요.

똑똑한 스마트 도로

스마트 도로는 정보 통신 기술을 이용해 교통 흐름을 관리하는 도로예요. 어떻게 이런 일이 이루어지냐고요?

도로에 카메라와 센서를 설치하면 실시간으로 교통 정보를 모을 수 있어요. 이 정보를 중앙 컴퓨터로 분석해 교통 상황을 전달하는 것이지요. 물론 지금도 실시간으로 교통 정보를 확인하는 비슷한 서비스가 있어요. 그런데 스마트 도로는 정보를 주는 데 그치는 것이 아니라, 중앙 컴퓨터가 막히는 방향의 차선을 늘리거나 신호 따위를 조절해 교통 체증을 해결해요.

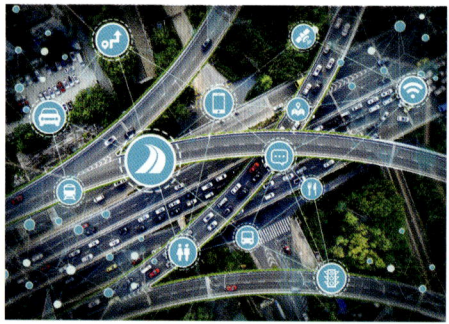

정보 통신 기술을 활용하는 스마트 도로

파란불을 밝혀라

자동차가 교차로에 다다랐을 때 신호가 파란불로 바뀌면 멈추지 않고 계속 달리게 돼요. 도착지까지 빨간불에 한 번도 걸리지 않으면 흐름이 물 흐르듯 이어져 교통 체증이 덜 생기겠지요? 이처럼 원활한 교통 흐름을 위해 신호를 조절하는 기술을 신호 연동 체계라고 불러요.

신호 연동 체계는 신호등 사이의 거리와 차의 이동 속도 등을 따져서 만들어요. 어떤 신호등에서 다음 신호등까지 50미터 떨어져 있다고 했을 때, 자동차의 속도와 도착 시간을 계산해 신호가 파란불로 바뀌도록 하는 거예요.

현재는 도로 위 자동차 양을 따지지 않고 일정하게 신호를 주어 완벽하지 않아요. 하지만 스마트 도로에서는 교통량까지 따져 흐름이 자연스럽게 이어지도록 신호를 조절하게 될 거예요.

교통 흐름이 자연스럽게 이어지게 하는 신호 연동

5화

미래 교통수단은 어떤 모습일까

미래학 교통수단의 미래

- 하늘을 달리다
- 미래를 위해! 배의 변신
- 더 빠르게 더 멀리
- 가자, 우주로!

한눈에 쏙 교통수단의 미래
한 걸음 더 드넓은 우주로 나아가려면

하늘을 달리다

꽉 막힌 도로 위에 있다 보면, 자동차에서 날개가 튀어나와 공중으로 날아가는 상상을 한 번쯤 해 봤을 거예요. 영화 속에서나 봤던 하늘을 날아다니는 차가 이제 현실이 될지도 몰라요.

하늘을 나는 자동차

하늘을 나는 차를 플라잉 카(flying car)라고 해요. 활주로 없이도 위아래로 뜨고 내리는 개인용 항공기(PAV, Personal Air Vehicle)와 언뜻 비슷해 보이지요. 하지만 플라잉 카는 땅과 하늘을 모두 다닐 수 있고, 개인용 항공기는 하늘을 날아다니기만 한다는 점이 달라요. 플라잉 카는 자동차와 비행기를 결합한 교통수단이에요. 그래서 자동차 회사와 비행기 회사가 힘을 합쳐 만들기도 해요.

미래 도시 위를 누비자

도시는 건물로 빽빽해 새로운 도로를 건설하기가 어려워요. 땅속에 지하철을 뚫기도 쉽지 않아요. 이미 수도관, 가스관, 통신 전선 등이 설치되어 있으니까요. 도시의 교통 체증을 해결할 길은 공중으로 날아오르는 방법밖에 없어요. 그래서 도심 항공 교통(UAM, Urban Air Mobility) 체계를 개발하려고 노력하는 것이랍니다. 하늘이 새로운 길이 되는 거예요.

여기에 하늘로 바로 날아오를 수 있는 개인용 항공기가 활용될 가능성이 커요. 사람이 탈 수 있을 정도로 커다란 드론이 도시 위를 자유롭게 누비는 모습을 떠올리면 이해하기 쉬울 거예요.

해결해야 할 문제

이 같은 상상이 현실이 되려면 해결해야 할 문제가 있어요. 가장 중요한 것은 안전 문제예요. 공중을 날던 탈것끼리 충돌하거나 높은 건물에 부딪힐 수 있으니까요. 건물 사이에 생기는 소용돌이 현상에 휩쓸릴 위험도 존재하고요. 혹시나 땅으로 떨어지기라도 하면 큰 사고로 이어져 수많은 피해자가 나올 게 뻔해요. 만약 비행 중 고장이 나면 어떻게 될까요? 자동차는 길가에 세울 수라도 있지만 항공기는 그러기가 어렵지요. 이처럼 다양한 위험 상황을 따져 안전을 확보하는 일이 매우 중요해요.

이 밖에도 비행 중에 생기는 소음, 비행으로 인한 사생활 침해, 값비싼 비용도 해결해야 할 문제예요. 하지만 기대 효과가 높은 만큼 보다 안전한 기술 개발을 위해 힘쓰고 있답니다.

 **미래를 위해! 배의 변신**

공상 과학 영화를 보면 사람 없이도 배가 움직여요. 또 바다가 아닌 하늘을 떠다니는 배도 있지요. 이 같은 영화 속 상상이 마냥 터무니없는 것만은 아니에요.

스스로 알아서 움직이는 배

2022년, 인공지능(AI)이 조종하는 메이플라워호가 영국에서 출발해 대서양을 건넜어요. 무려 5,600킬로미터에 이르는 바닷길을 조종사 없이 항해하는 데 성공한 거예요. 그 과정에서 바다 생물과 기후 변화, 환경 오염에 대한 정보까지 수집했다고 하니 대단하지요?

AI 메이플라워호는 인공위성을 이용해 위치를 알아내는 GPS, 레이더 등으로부터 정보를 얻어 바다를 헤쳐 나갔어요. 카메라와 센서는 장애물을 피하는 눈 역할을 했지요. 이렇게 기계 스스로 움직이면 사람을 부리는 비용을 줄일 뿐더러, 바다 위에서 사람이 죽거나 다치는 사고도 예방할 수 있어요. 또 빈 공간에 짐을 더 실을 수 있으니 경제적이지요. 물론, 완전한 자율 운항에 성공하려면 아직은 준비가 더 필요해요.

AI 메이플라워호

환경을 생각하는 배

AI 메이플라워호는 태양 에너지를 모아 전기로 바꾸어 움직였어요. 미래에는 이렇게 친환경 에너지를 이용하는 배가 늘어날 거예요. 어쩌면 돛을 단 배가 다시 등장할지도 몰라요. 물론 대항해 시대에 바다를 누볐던 범선과는 달라요. 한 예로, 아쿠아리우스 에코 십(Aquarius Eco Ship)은 돛에 태양 전지판이 붙어 있는 선박 콘셉트예요. 바람과 태양의 힘을 모두 이용해 움직이도록 설계되었지요.

하늘을 나는 배

배는 부력 덕분에 물 위를 떠다녀요. 부력은 기체나 액체 속에 있는 물체가 중력에 반하여 위로 뜨려는 힘을 말해요. 비행선(飛行船, airship)은 주머니 속에 공기보다 가벼운 기체를 채워서 부력을 이용해 공중을 떠다녀요. 마치 하늘을 나는 배처럼 보여서 이름이 붙었지만, 사실 배보다는 비행기에 가깝지요.

비행선은 비행기보다 먼저 발달했으나 속도가 느려서 교통수단으로 거의 쓰이지 않았어요. 최근 비행선을 교통수단으로 활용하려는 움직임이 있는데, 이유가 무엇일까요? 비교적 비용이 낮고, 부력으로 움직여서 친환경적이기 때문이에요.

하늘을 둥둥 떠다니는 비행선

더 빠르게 더 멀리

교통수단이 빨라질수록 사람들의 활동 공간이 넓어져요. 인류는 더 빠른 교통수단을 개발하기 위해 노력하고 있어요.

소리보다 빠른 비행기

비행기가 빠르다고는 하지만 지구 반대편까지 날아가는 데 꽤 오랜 시간이 걸려요. 사람을 태워 나르는 여객기가 전투기처럼 빠르게 날면 어떨까요?

초음속 여객기는 최고 속도가 소리 속도를 넘어서는 비행기예요. 1976년에 이미 상업 비행을 시작했어요. 이름은 콩코드(Concorde)로, 일반 여객기보다 가늘고 긴 몸체를 가지고 두세 배 빠른 속도를 자랑했지요. 하지만 2003년을 마지막으로 더 이상 볼 수 없게 됐어요. 연료가 많이 드는 데다 사람을 적게 태웠거든요. 비용도 비쌌고요.

게다가 초음속으로 날아갈 때 생기는 충격파가 땅에서는 폭발하는 소리처럼 크게 들려 항의가 빗발쳤지요.

기술이 발달해 이 같은 문제를 해결하면 다시 초음속 여객기로 지구 반대편까지 빠르게 날아갈 수 있지 않을까요?

가늘고 긴 몸체를 가진 초음속 여객기

진공 속 달리는 자기 부상 열차

열차가 출발할 때 보면 자동차보다 느리게 움직여요. 출발할 때만 그렇지 사실 열차는 도로 위 자동차보다 훨씬 빨라요. 도로와 달리 철로 위에는 열차만 있으니 방해 없이 빠르게 달릴 수 있으니까요.

자기 부상 열차는 전자석의 자기력을 이용해 열차를 공중에 띄워 운행해요. 공중에 떠서 달려서 소음과 떨림이 적고 속도가 빠르지요. 인천 국제공항 제1 여객 터미널에는 용유역을 오가는 자기 부상 열차가 있어요. 안타깝게도 유지 비용이 많이 들고 승객이 적어 현재는 운행을 멈추었지만요.

그런데 자기 부상 열차는 가까운 미래에 꿈의 교통수단이 될지도 몰라요. 튜브 트레인 기술이 마련되면 말이지요. 자기 부상 열차가 다니는 길을 관으로 감싸 그 속을 진공 상태에 가깝게 만들면 공기 저항이 줄어 속도가 더 빨라지거든요. 진공은 어떤 공간에 물질이 전혀 없는 상태를 뜻해요.

진공 튜브에서 달리는 자기 부상 열차로 하이퍼루프도 있어요. 기본 원리는 비슷하고 열차를 마치 로켓처럼 쏘아 보내는 방식이지요. 무려 시속 1,200킬로미터로 서울에서 부산까지 16분 만에 갈 수 있다고 해요. 정말 놀랍지요?

진공 상태 속에서 달리는 자기 부상 열차(3D 그림)

 **가자, 우주로!**

우주로 나간다는 것은 매우 위험하고 어려운 일이에요. 그동안은 국가가 나서서 우주 개발을 이끌었어요. 그런데 이제는 국가뿐 아니라 일반 기업도 우주 산업에 뛰어들고 있지요.

지구 밖 우주로 출발

1957년, 소련이 최초의 인공위성 스푸트니크 1호를 발사하면서 우주 개발 경쟁에 불이 붙었어요. 4년 뒤인 1961년에는 소련의 군인 유리 가가린이 지구를 도는 우주 비행에 성공해 새로운 역사를 썼고요. 이때만 해도 국가가 나서 우주 산업을 이끌었답니다.

2020년, 미국의 기업 스페이스엑스(SpaceX)가 쏘아 올린 우주선을 타고 민간 우주 비행사가 최초로 국제 우주 정거장에 도착했어요. 이는 곧 국가의 인증을 받은 사람이 아니더라도 우주여행을 할 수 있다는 뜻이에요. 아직은 비용이 너무 비싸서 엄청난 부자만 감당할 수 있겠지만, 기술이 발달하면 언젠가 누구든지 우주여행을 즐기는 날이 오겠지요.

참고로, 현재 우주여행은 지구와 우주를 가르는 경계인 100킬로미터 부근에 올라

국제 우주 정거장에 다다른 스페이스엑스 우주선

가 잠깐 구경만 하고 돌아오는 수준이에요. 우주여행이라고 하기에는 아직 부족한 면이 있지요.

지구와 우주를 잇는 셔틀

우주 개발을 이끄는 중심 기지인 국제 우주 정거장은 지구로부터 400킬로미터 위에 떠 있어요. 이곳에서 우주인이 우주를 관찰하며 연구에 힘쓰고 있지요. 우주인과 연구에 필요한 물건 따위를 실어 나르려면 셔틀버스(shuttle bus)처럼 지구와 우주를 오가는 교통수단이 필요하지 않을까요?

기존의 우주선은 한 번 쓰면 다시 쓰지 못했어요. 그래서 우주와 지구를 반복해서 오가도록 설계한 우주 왕복선을 만들게 됐지요. 흔히 스페이스 셔틀(space shuttle)이라고도 불러요.

우주 왕복선에 이어 로켓을 재활용해 우주 개발 비용을 줄이려는 노력도 나오고 있어요. 이러한 노력들이 이어지면 상상만 하던 우주여행이 언젠가 일상이 되겠지요.

우주 왕복선을 발사하는 모습

지구 둘레를 도는 우주 왕복선

교통수단의 미래

이동 통로가 된 하늘

- 플라잉 카는 땅과 하늘을 모두 다니는 자동차임. 일반 자동차처럼 도로를 달릴 수 있다는 점에서 개인용 항공기와 다름.
- 도심 항공 교통은 하늘을 이동 통로로 활용하는 교통 체계임. 도시의 혼잡한 교통 체증을 해결할 방법으로 떠오르고 있음. ➡ 실용화하려면 다양한 위험 상황을 따져 안전을 확보하는 일이 중요함. 이 밖에도 비행 중에 생기는 소음, 비행으로 인한 사생활 침해, 값비싼 비용도 해결해야 할 문제임.

미래의 배

- 자율 주행 선박은 조종사 없이 스스로 움직이는 배로, 인공지능·GPS·레이더 등 첨단 기술을 활용함.
- 자율 주행 선박은 인력과 비용을 절약하는 장점이 있음. 또한 사고로 생기는 인명 피해를 예방함.
- 미래에는 자율 주행 선박과 더불어 친환경 에너지를 이용하는 배가 늘어날 것임.
- 부력을 이용해 하늘을 떠다니는 비행선은 친환경 교통수단으로 새롭게 주목을 받고 있음.

더 빠른 교통수단

- 빠른 교통수단이 등장하면 그만큼 활동 공간이 넓어짐.
- 소리의 속도를 넘어서는 초음속 여객기는 경제성이 부족했음. 또 초음속으로 날아갈 때 생기는 충격파가 땅에서는 폭발하는 소리처럼 크게 들려 문제가 됐음. ➡ 기술이 발달해 이 같은 문제를 해결하면 초음속 여객기가 다시 등장할 것임.
- 자기 부상 열차는 전자석의 자기력을 이용해 열차를 공중에 띄워 달림. 자기 부상 열차가 다니는 길을 관으로 감싸 그 속을 진공 상태에 가깝게 만들면 공기 저항이 줄어 더 빠르게 이동할 수 있음.
- 진공 튜브에서 달리는 자기 부상 열차로 하이퍼루프도 있음. 열차를 로켓처럼 쏘아 보내는 방식임.

우주 개발과 탐사

- 국가가 우주 개발을 이끌던 시대를 벗어나, 최근에는 우주 개발 사업에 민간 기업이 뛰어듦. 이로써 일반인도 우주여행을 떠날 수 있을 것으로 기대됨.
- 우주 개발을 이끄는 중심 기지인 국제 우주 정거장은 지구로부터 400킬로미터 위에 떠 있음. 우주인과 연구에 필요한 물건 따위를 실어 나르기 위해 우주와 지구를 오가는 왕복선을 만들게 됐음.
우주 왕복선에 이어 로켓을 재활용해 비용을 줄이려는 노력도 나오고 있음.

한 걸음 더!

드넓은 우주로 나아가려면

인류는 달을 넘어 더 넓은 우주로 나아가려고 해요. 우주는 굉장히 넓어서, 그 먼 곳까지 우주선을 쏘아 올리려면 첨단 기술이 필요해요. 지금은 우주선을 쏘아 올리는 데 로켓을 주로 이용해요. 로켓은 연료를 태워서 만드는 기체를 밑으로 뿜어 솟아오르는 비행 장치이지요. 우주여행을 위한 기술에 또 어떤 것이 있을까요?

떠오르는 우주여행 기술

플라스마 로켓 모든 물질은 원자로 이루어지며, 원자 안에는 원자핵과 전자가 있어요. 기체에 매우 높은 열을 가하면 원자핵과 전자가 분리되는데, 이 상태를 플라스마라고 해요. 플라스마 상태의 기체를 내뿜어 날아가는 로켓이 플라스마 로켓이고요. 물체를 밀어 앞으로 내보내는 추진력은 약하지만, 적은 연료로도 물체를 띄울 수 있어서 우주 비행에 알맞아요. 플라스마 로켓은 연구와 실험 단계에 있어요.

솔라 세일 우주 공간에서 커다란 금속 돛을 펼쳐 태양 빛을 받아 나아가는 기술이에요. 바람의 힘으로 바다 위를 나아가는 범선처럼 태양의 힘으로 우주선이 우주를 떠다니게 될 거예요.

우주 엘리베이터 지구와 우주 정거장을 연결해 사람이나 물건을 이동시키는 기술이에요. 엘리베이터를 타고 높은 건물에 오르듯 우주로 올라가겠지요. 우주 엘리베이터를 만들려면 가벼우면서도 튼튼한 재료가 필요해요. 새로운 소재가 개발되며 건설 가능성이 점점 높아지고 있어요.

영화 속 우주여행 기술

공상 과학 영화나 만화를 보면 우주선이 드넓은 우주를 순식간에 이동하는 장면이 나와요. 이 기술을 워프 항법이라고 하는데, 시공간을 구부려 두 지점 사이 거리를 줄여 이동하는 방법이지요. 과학자 아인슈타인이 세운 상대성 이론에 따르면 그 어떤 것도 빛보다 빠를 수 없어요. 그런데 만약 시공간을 구부려 지름길을 뚫으면 빛처럼 빠르게 이동하는 효과를 볼 수 있지 않을까요? 이러한 상상에서 워프 항법을 떠올린 거예요. 비슷한 개념으로 웜홀이 있어요. 웜홀은 서로 떨어져 있는 두 지점을 잇는 가상의 통로예요. 이론적으로는 웜홀을 통과하면 우주 끝에서 다른 끝으로 빠르게 이동할 수 있다고 해요.

워크북

1화 역사 – 교통수단의 발달과 우리 생활

1 시대가 흐르면서 배를 만드는 기술도 점점 발달했어요. 발달한 순서대로 〈보기〉의 배를 늘어놓아 봐요.

> **보기**
>
> 돛단배   뗏목   범선

(   ) ➡ (   ) ➡ (   )

2 다음 글을 읽고 무엇에 대한 설명인지 적어 봐요.

- 물을 끓여 나오는 수증기의 힘으로 기계를 움직이는 장치예요.
- 산업 혁명을 일으키는 데 중요한 역할을 했어요.
- 자동차, 기차, 배 등 다양한 교통수단에 이용됐어요.

_____

3 괄호에 들어갈 단어를 〈보기〉에서 각각 골라 적어 봐요.

열기관은 연료를 태울 때 생기는 (㉠)를 (㉡)로 바꾸는 장치예요.

보기
열에너지   운동 에너지   위치 에너지   전기 에너지

㉠ : _____   ㉡ : _____

4 다음 글을 읽고 해당하는 인물을 골라 봐요.

글라이더에 프로펠러와 엔진을 달아 플라이어 1호를 만들어 진정한 비행 시대를 연 인물이에요.

① 몽골피에 형제   ② 오토 릴리엔탈
③ 라이트 형제   ④ 제임스 와트

2화 환경 - 환경 오염 줄이는 친환경 자동차

1 다음 문장을 읽고 맞으면 ○, 틀리면 ×표시를 해 봐요.

- 내연 기관 자동차는 화석 연료를 태워 에너지를 얻어요. (   )
- 화석 연료는 지금도 만들어지고 있어서 모자랄 걱정이 없어요. (   )
- 화석 연료는 타면서 이산화 탄소 같은 온실가스를 내놓아요. (   )

2 다음 글을 읽고 괄호 안에 공통으로 들어갈 단어를 적어 봐요.

> 전기차는 (   )에 저장된 전기를 써서 달려요. 전기차에 들어가는 (   )는 충전과 방전을 반복해 계속 사용할 수 있는 2차 전지예요.

3 전기차는 회생 제동 기술을 이용해 에너지 낭비를 줄여요. 괄호 안에 들어갈 단어를 〈보기〉에서 골라 적어 봐요.

전기차는 속도를 줄일 때 (　　　　)를 발전기로 이용해 운동 에너지를 전기 에너지로 바꿔요.

보기　　　바퀴　　　모터　　　프로펠러

_____

4 괄호에 들어갈 단어를 적어 봐요.

수소 연료 전지는 수소와 산소를 결합시켜 (　　　　)와 물을 만들어요.

_____

3화 기술 - 인공지능과 자율 주행 기술

1 다음 문장을 읽고 맞으면 ○, 틀리면 ×표시를 해 봐요.

- 자율 주행차는 사람이 운전하지 않아도 스스로 달리는 차예요. (　　)
- 자율 주행 기술은 인공지능과 결합해 발전하고 있어요. (　　)
- 자율 주행차의 카메라와 센서는 판단을 내리는 뇌 역할을 해요. (　　)

2 다음 글을 읽고 이것이 무엇인지 적어 봐요.

> 자율 주행차가 안전하게 달리려면 이것이 필요해요. 복잡한 문제를 작은 문제들로 나누어, 각 단계를 순서대로 처리하게 해 놓은 것이랍니다.

_____

3 자율 주행차가 실용화되면 우리 생활이 어떻게 달라질까요? 자율 주행이 가져올 편리한 변화를 떠올려 적어 봐요. 서술형 문항 대비 ✓

_____

_____

_____

_____

4 다가오는 자율 주행 시대에 대해 누가 <u>틀리게</u> 말하고 있는지 골라 봐요.

① 로봇, 인터넷 등 다양한 기술이 합쳐져 완성될 거야.

② 아직은 부작용이 잇따르고 있어 반대하는 사람도 있지.

③ 자율 주행에 따른 일자리 감소 문제도 고민해야 해.

④ 붉은 깃발법 같은 강한 법과 제도를 만들어야 한다고.

4화 사회 - 변화하는 대중교통

1 개인형 이동 장치에 대한 설명으로 <u>틀린</u> 것을 골라 봐요.

① 전기로 움직이며 여러 명이 이용할 정도로 크기가 크다.
② 도시의 교통 체증을 어느 정도 해결한다.
③ 전기로 움직여서 환경 오염을 줄이는 효과도 있다.
④ 공유 경제와 만나 생활에 빠르게 스며들었다.

2 어떤 물건을 여럿이 함께 사용하는 경제 활동 방식을 공유 경제라고 해요. 현대의 대량 생산과 대량 소비에 반대하며 생겨난 개념이지요. 오늘날, 공유 경제가 주목받는 이유를 적어 봐요. `서술형 문항 대비` ✓

----

3 다음 글을 읽고 해당하는 것을 〈보기〉에서 골라 봐요.

> 다양한 교통수단을 하나의 애플리케이션으로 이용하는 서비스예요. 애플리케이션에 들어가 출발지와 도착지를 입력하면 철도·항공·버스·공유 모빌리티 등 다양한 교통수단 정보를 한꺼번에 보여 주며, 예약과 결제까지 마칠 수 있게 도와줘요.

보기

서비스형 모빌리티(MaaS)   목적 기반 차량(PBV)   도심 항공 교통(UAM)

_____

4 개인의 필요와 요구에 맞추어 설계되는 목적 기반 차량은 어떻게 쓰일 수 있을까요? 활용 사례를 떠올려 적어 봐요. 〔서술형 문항 대비 ✓〕

5화 미래학 – 교통수단의 미래

1 다가올 미래에는 하늘을 이동 통로로 활용하게 될 거예요. 그러면 플라잉 카, 개인용 항공기 등이 새로운 교통수단으로 떠오르겠지요. 플라잉 카와 개인용 항공기의 차이점이 무엇인지 적어 봐요. `서술형 문항 대비 ✓`

------

2 사진 속 교통수단의 이름을 적어 봐요.

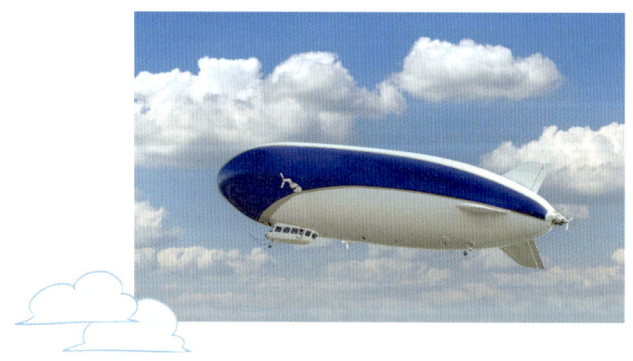

_____

3 밑줄 친 부분에 해당하는 것을 〈보기〉에서 골라 적어 봐요.

> 자기 부상 열차는 **이 힘**을 이용해 열차를 공중에 띄워 달려요.

보기 마찰력   부력   자기력

4 알맞은 설명을 찾아 선으로 이어 봐요.

① 스푸트니크 1호 • • ㉠ 소련이 쏘아 올린 최초의 인공위성이에요.

② 스페이스 셔틀 • • ㉡ 우주 개발을 이끄는 중심 기지예요.

③ 국제 우주 정거장 • • ㉢ 우주와 지구를 오가도록 설계한 왕복선이에요.

정답 및 해설

1화

1. 뗏목 → 돛단배 → 범선
→ 배 만드는 기술이 발달하며 뗏목에서 돛단배로, 돛단배에서 거대한 범선으로 점점 발전해 갔어요. (☞ 18~19쪽)

2. 증기 기관
→ 증기 기관에 대한 설명이에요. (☞ 20~21쪽)

3. ㉠ 열에너지, ㉡ 운동 에너지
→ 열기관은 연료를 태울 때 생기는 열에너지를 운동 에너지로 바꾸는 장치예요. (☞ 22쪽)

4. ③
→ 라이트 형제에 대한 설명이에요. (☞ 25쪽)

2화

1. O, X, O
→ 화석 연료는 아주 오래전 살았던 생물이 땅속에 묻혀서 만들어진 것으로, 점점 줄어들고 있어서 문제예요. (☞ 36쪽)

2. 배터리
→ 전기차는 배터리에 저장된 전기를 써서 달려요. 전기차에 들어가는 배터리는 2차 전지예요. (☞ 38~41쪽)

3. 모터
→ 전기차는 속도를 줄일 때 모터를 발전기로 이용해 운동 에너지를 전기 에너지로 바꿔요. (☞ 43쪽)

4. 전기 (에너지)
→ 수소 연료 전지는 수소를 연료로 이용해 전기와 물을 만들어 내요. (☞ 45쪽)

3화

1. O, O, X
→ 자율 주행차에서 카메라와 센서는 감각 기관 역할을 해요. 판단을 내리는 뇌 역할을 맡는 것은 인공지능이에요. (☞ 57쪽)

2. 알고리즘
→ 알고리즘에 대한 설명이에요. (☞ 58~59쪽)

3. 본문을 참고해 적어 봐요.
→ 자율 주행차가 실용화되면 사고가 줄어 안전한 교통 환경이 만들어져요. 또 교통 체증을 해결하고, 운전 부담을 줄이는 한편, 교통 약자 이동에도 도움을 줄 것으로 기대돼요. (☞ 60~61쪽)

4. ④
→ 붉은 깃발법은 지금까지도 어리석은 법과 제도가 산업을 망친 대표적 사례로 오르내려요. 다가오는 자율 주행 시대에 대비하려면 제대로 된 법과 제도를 마련해야 해요. (☞ 62~63쪽)

4화

1. ①
⋯ 개인형 이동 장치는 한두 명이 이용할 정도로 크기가 작은 것이 특징이에요.
(☞ 74~75쪽)

2. 본문을 참고해 적어 봐요.
⋯ 공유 경제가 주목받는 이유는 이미 생산된 물건을 함께 써서 환경적으로도 경제적으로도 이롭기 때문이에요. (☞ 76~77쪽)

3. 서비스형 모빌리티(MaaS)
⋯ 서비스형 모빌리티(MaaS)에 대한 설명이에요. (☞ 78~79쪽)

4. 본문을 참고해 적어 봐요.
⋯ 목적 기반 차량은 단순한 교통수단을 넘어 새로운 공간으로 활용될 거예요. 이동형 사무실, 이동형 생활 공간, 이동형 병원, 이동형 창고 등으로 쓰일 수 있지요. 또 목적 기반 차량을 활용하면 사용자의 요구에 맞춰 오가는 새로운 대중교통 서비스를 마련할 수도 있어요. (☞ 80~81쪽)

5화

1. 본문을 참고해 적어 봐요.
⋯ 플라잉 카는 땅과 하늘을 모두 다닐 수 있어요. 도로를 달릴 수 있다는 점에서 개인용 항공기와는 차이를 보여요. (☞ 92쪽)

2. 비행선
⋯ 비행선은 부력을 이용해 하늘을 둥둥 떠다녀요. (☞ 95쪽)

3. 자기력
⋯ 이 힘은 자기력이에요. 자기 부상 열차는 자기력을 이용해 열차를 공중에 띄워 달려요. (☞ 97쪽)

4. ①-㉠, ②-㉢, ③-㉡
⋯ 스푸트니크 1호는 소련이 쏘아 올린 최초의 인공위성이에요. 스페이스 셔틀은 우주와 지구를 반복해서 오가도록 설계한 왕복선이고요. 국제 우주 정거장은 우주 개발을 이끄는 중심 기지랍니다. (☞ 98~99쪽)

찾아보기

ㄱ
개인형 이동 장치 ··············· 74~75
공기 저항 ························ 37, 97
공유 경제 ························ 75~76
글라이더 ························· 24~25

ㄴ
내연 기관 ············ 22~23, 36~40, 42

ㄷ
도심 항공 교통(UAM) ················ 92
도크리스 ································ 75
딜레마 ····························· 66~67

ㄹ
렌터카 ································ 76
로봇 ·································· 62

ㅁ
모터 ······················· 38~39, 43, 45
목적 기반 차량(PBV) ············· 80~81

ㅂ
범선 ························· 18~19, 95
붉은 깃발법 ·························· 63

ㅅ
서비스형 모빌리티(MaaS) ············ 78
솔라 세일 ··························· 102

ㅇ
알고리즘 ····················· 58~59, 67
연비 ······························ 37~39
열기관 ································ 22
온실가스 ······················ 36, 48~49
온실 효과 ···························· 48
외연 기관 ························ 22~23
우주 엘리베이터 ···················· 103
인공지능 ····················· 57~59, 94

ㅈ
자기력 ································ 97
전자석 ···························· 39, 97
증기 기관 ·························· 20~23

ㅊ
초음속 ···························· 25, 96

ㅋ
코일 ······························ 38~39

ㅍ
플라스마 로켓 ······················ 102
플라잉 카 ···························· 92

ㅎ
하이브리드 ························ 39, 43
화학 반응 ··························· 41, 45
회생 제동 ···························· 43

초등 교과 과정에 알맞게 개발한 통합교과 정보서

참 잘했어요 과학

하나의 과학 주제를 다양한 분야에서 살펴보는 통합교과 정보서입니다.
재미있는 스토리와 서술형 평가에 대비하는 워크북도 함께 실었습니다.
서울과학교사모임의 꼼꼼한 감수로 내용의 정확도를 높였습니다.

1 또 하나의 가족 **반려동물**
2 범인을 찾아라! **과학수사**
3 뼈만 남았네! **공룡과 화석**
4 과학을 타자! **놀이기구**
5 약이야? 독이야? **화학제품**
6 두 얼굴의 하늘 **날씨와 재해**
7 고수의 몸짱 비법 **운동과 다이어트**
8 이젠 4차 산업 혁명! **로봇과 인공지능**
9 과학을 꿀꺽! **음식과 요리**
10 외계인의 태양계 보고서 **우주와 별**
11 나 좀 살려 줘! **환경과 쓰레기**

12 시큼시큼 미끌미끌 **산과 염기**
13 시원해! 상쾌해! **화장실과 똥**
14 대비해! 대피해! **지진과 안전**
15 이게 무슨 소리?! **음악과 소음**
16 세상에서 가장 착한 초록 **반려식물**
17 가슴이 콩닥콩닥 **성과 사춘기**
18 눈이 따끔, 숨이 탁! **미세먼지**
19 미생물은 힘이 세! **세균과 바이러스**
20 그 옛날에 이런 생각을?! **전통과학**
21 땅속에서 무슨 일이?! **보석과 돌**
22 줄을 서시오! **원소와 주기율표**

23 드라큘라도 궁금해! **피와 혈액형**
24 불 때문에 난리, 물 때문에 법석! **기후 위기**
25 결정은 뇌가 하지! **뇌와 AI**
26 지켜 주지 못해 미안해! **멸종 동물**
27 생명이 꿈틀꿈틀! **바다와 갯벌**
28 가상에 쏙, 현실이 짠! **메타버스**
29 작지만 무서워! **미세 플라스틱**
30 세상이 번쩍, 생각이 반짝! **전쟁과 발명**
31 어제는 패션, 오늘은 쓰레기! **패스트 패션**
32 내 몸을 지켜라! **면역과 질병**
33 식물일까? 동물일까? **버섯과 곰팡이**

글 **신방실 외** | 그림 **시미씨 외** | 감수 **서울과학교사모임** | 값 1~10권 10,000원, 11~25권 11,000원, 26~33권 13,000원